힌두이즘

이 책은 2017년 정부(교육부)의 재원으로 한국연구재단의 지원을 받아
수행된 연구의 성과물임(NRF-2017S1A6A3A02079749).

This work was supported by the National Research Foundation of Korea
Grant funded by the Korean Government (NRF-2017S1A6A3A02079749)

힌두이즘

HINDUISM

인도의 대전환 총서 — 001

끄쉬띠 모한 센 지음
김형준·최지연 옮김

HU:iNE

Hinduism(1978)

by K.M.Se

옮긴이의 말

이 책은 한국외국어대학교 인도연구소 HK+ 사업단의 해외지역연구 "인도의 대전환과 인도학의 한국적 재해석-인도 지역연구의 세계적 거점 구축-연구 아젠다의 1단계 1년차 주제 '인도대전환의 기저'에서 종교/철학 분과의 힌두이즘/불교의 원류라는 분과별 주제에 맞춰 번역되었다. 옮긴이들은 힌두이즘의 원류를 설명하고 있는 적절한 서적에 해당하는 동시에 전문적인 연구자뿐만 아니라 일반 대중들에게 쉽게 이해될 수 있어야 한다는 점을 함께 고려하여 이 책을 번역하기로 결정했다. 이 책은 힌두이즘의 종교와 철학적인 부분을 중심으로 서술하였기에 다른 사회 문화적인 부분에서 약각 부족한 면이 있을 수 있다. 이 부분은 기회가 있으면 또다른 번역이나 저서를 통해 보충할 생각이다.

힌두이즘(Hinduism)이라는 용어는 아스코 파폴라(Asko Parpola)에 의하면 1787년 동인도회사의 상인이며 복음주의 기독교인 찰스 그랜트(Charles Grant)가 처음 사용한 것으로 알려져 있다. 이 용어는 힌두 종교와 힌두 교리를 의미했으며 19세기 들어 불교, 자이나교, 시크교를 제외한 인도의 토착 종교를 의미하는 일반적인 명칭이 되었다. 이처럼 힌두이즘은 영국에 의해 만들어진 용어이지만 힌두라는 용어의 어원은 그보다 훨씬 이전으로 거슬러 올라간다. 기원 전 515년 페르샤의 다리우스 대왕이 인더스 강이 흐르는 인더스 계곡을 합병하면서 산스끄리뜨어로 신두(Sindu)였던 이 지역이 힌두(Hindu)가 되고 다시 그리스어와 라틴어로 각각 인도스(Indos)와 인더스(Indus)로 변화되었다. 그리고 16세기 무갈인들이 북인도지역을 점령하면서 국가를 힌두스탄(Hindustan)으로, 그 민족을 힌두라고 불렀다.

이에 따르면 힌두는 처음에는 지역을 의미하는 용어였지만 후에 점차 그 지역의 사람들로 확장되었고 힌두이즘이라는 용어를 통해서 인도 전역의 종교와 사상 뿐만 아니라 문화까지 아우르게 되었다. 시간의 흐름에 따라 그 의미와 영역을 확장시켜온 힌두이즘에 대한 정확한 정의는 더욱 어렵게 되었다. 힌두이즘은 고대부터 현대까지 오랜 시간에 걸쳐 때로는 인도 외부에서 유입되거나 때로는 내부에서 발생한 다양한 문화들의 혼합의 결정체이다. 그렇기 때문에 라다끄리슈난(Sarvepalli Radhakrishnan: 1888-1975)은 힌두이즘을 '인도의 삶의 의식'(Hindu view of life)이라고 정의하였다.

이처럼 힌두이즘은 비록 그 용어가 18세기 영국에 의해 만들어졌지만 인도 전역의 종교와 사상뿐만 아니라 문화까지 아우르는 개념이 되었다. 따라서 인도의 대전환을 위한 첫걸음으로 힌두이즘에 대한 이해는 필수적이다. 그럼에도 불구하고 현재 우리에게 알려진 힌두이즘은 주로 단편적일 뿐만 아니라 주로 서구인들의 시각에서 만들어진 것이다. 이에 종교철학분과에서는 인도인의 관점에서 서술된 힌두이즘을 통해 보다 포괄적인 이해를 위해 본 저서를 번역하였다.

이 책은 끄쉬띠 모한 센(Kshiti Mohan Sen 1880-1960)의 힌두이즘(Hinduism)을 완역한 것이다. 끄쉬띠 모한 센은 인도학자이며 산스끄리뜨어 교수로서 라빈드라나트 타고르(Rabindranath Tagore)가 산띠니께딴(Santinikentan)에 건립한 비슈와-브하라띠 대학(Visva-Bharati University)의 성장과 발전에 도움을 주었다. 그는 또한 아시아인 처음으로 후생경제학으로 노벨 경제학상을 수상한 아마르띠아 꾸마르 센(Amartya Kumar Sen)의 할아버지이기도 하다.

이 책은 저자의 사후 1년 뒤인 1961년에 처음 출판되었으며 저자는 이 책을 힌두이즘에 대한 전문서로서가 아니라 관심있는 독자들이 쉽게 접할 수 있는 입문서로 저술했음을 서문에 밝히고 있다. 하지만 그럼에도 불구하고 이 책은 다양한 힌두이즘의 내용을 포괄적으로 서술함으로써 힌두이즘을 처음 접하는 사람들뿐만 아니라 전문적인 연구자에게도 필독서로 오늘 날까지 명성을 얻고 있다. 이를 위해 그는 3부분으로 나누어 I에서는 힌두사상학파들의 본질과 이념을, II에서는 힌두 사상의 전개와 실천방법을 그리고 마지막으로 III에서는 힌두경전들의 내용을 발췌하여 독자들이 쉽게 힌두이즘을 알 수 있도록 배려하였다.

이 책을 옮기는 과정에서 독자들의 편의를 위해 다음과 같이 원칙을 따랐다.

첫째, 이 책은 1960년대에 출판되어 몇몇 용어들이 현대에 활용되는 것과 약간 다른 경우 예를 들어 브라흐민과 같은 서구식 표현은 용어의 원뜻에 맞게 브라흐마나로 고쳐서 표기하였다.

둘째, 인도적 관점, 또는 학적인 관점에서 쉽게 이해할 수 있다고 생각하여 단순히 용어서술에 그친 경우 독자들의 이해를 돕기 위하여 역자 주를 통해 간략하게 설명을 추가했다.

셋째, 산스끄리뜨 표기의 경우 일반적인 영미표기법의 규칙과 관계없이 인도식 발음에 가깝게 표기했다.

이 과정에서 혹여 번역상의 문제나 오류가 있다면 그것은 전적으로 옮긴이들의 책임이며 이 책이 나오기까지 함께 수고한 출판사를 비롯해 모든 분들에게 감사드린다.

2018.08 이문골의 여름과 함께
옮긴이들 김형준, 최지연

펠리컨 북

끄쉬띠 모한 센(Kshiti Mohan Sen)은 수세기 동안 인도학문의 중심이었던 바라나시(Varanasi)의 전통적인 산스끄리뜨 학교에서 교육을 받았다. 그는 산스끄리뜨와 현대 인도 언어들의 수집에 정통했으며 또한 비교적 이른 나이에 인도 종교 문헌들의 전문가가 되었다. 그의 관심은 곧 민속 문헌과 지방 문화로 옮겨갔다. 그는 민속적인 시와 노래들을 수집하면서 다양한 인도의 시골지역들을 돌아다녔다. 인도에서는 언제나 구전전통이 매우 강했기 때문이다. 끄쉬띠 모한 센은 몇 세기동안의 시인들의 작품들을 체계적으로 수집했다. 그에 관해서는 중세의 신비주의자들인 까비르(Karbir)와 다두(Dadu) 그리고 벵갈의 바울(Baul)들의 작품들이 특별히 기억될 수 있다. 민속 문화 연구와 더불어 끄쉬띠 모한 센은 힌두 문헌들에 대한 학문적인 노력을 지속하여 카스트 제도에 대한 논문들과 고대 인도의 여성들의 지위에 대한 원문 연구를 포함하여 힌두이즘의 다른 면들에 대한 몇 권의 책들을 저술하였다.

끄쉬띠 모한 센은 20세기 초 시인 라빈드라나트 타고르(Rabindranath Tagore)가 산띠니께딴(Santinikentan)에서 교육과 문화의 국제적 중심지를 건립하는 일에 동참해서 1960년 3월 생을 마칠 때까지 그곳에 머물렀다. 그는 그 대학(Visva-Bharati University)의 성장에 매우 중요한 역할을 했다.

차례

2부 힌두이즘의 역사적 전개 • 63

3부 힌두경전 발췌 • 161

서론

힌두이즘은 기독교, 이슬람, 불교와 같은 세계종교들과 달리 한 명의 창시자를 갖고 있지 않다. 그것은 인도의 모든 종교적이고 문화적인 움직임을 흡수하고 동화하면서 5천년 이상 동안 점진적으로 성장해왔다. 결과적으로 논쟁들을 해결하는데 참조가 될 수 있는 성경(Byble), 꾸란(Korān), 법구경(Dammapadam)을 가지고 있지 않다. 베다(Veda), 우빠니샤드(Upanishad), 기따(Gītā), 라마야나(Rāmāyaṇa), 마하바라따(Mahābhārata), 뿌라나(Purāṇa), 이른바 6파 철학의 문헌들, 박띠(Bhakti)운동과 신비주의의 노래들은 모두 권위가 있으며 어떤 것도 서로 배타적이지 않다. 서로 다른 사상 학파들은 일련의 중요한 물음에서 서로 다르며 심지어 오늘날에도 그 차이들은 결코 무의미하지 않다. 서로 다른 사상 학파들에 속한 상대적 중요성이 무엇인지를 결정하는 것이 쉽지 않기 때문에 힌두이즘에 관한 대중서를 저술해야 할 임무를 어렵게 만든다. 식견 있는 독자들이 나의 상대적 가치들에 대한 해석에 동의할 수 있을지 모르겠다. 가능한 한 개인적 감정을 배제하도록 노력했지만 이것은 개인적 편견이 배제되기 어려운 영역이다. 과거 얼마동안 힌두철학에 관한 많은 서적들에 대한 나의 비판은 보다 학식 있는 사람들의 기록에 집중함으로써 낮은 사회계층의 종교적 운동에는 거의 중요성을 부여하지 않았다는 사실에 치중했다. 대중적 종교 운동의 철학에 적용시키려고 노력하면서 나는 보다 폭넓은 관점으로 나타나는 것을 제공하려고 시도했다. 비록 나는 이것이 서로의 견해들이 다르지 않은 영역이라는 사실을 잘 알고 있지만 대부분의 독자들 역시 이 방식이 균형 잡힌 것임을 알기 희망한다.

나는 이 책을 힌두이즘에 대한 사전 지식이 없는 독자들에게 역점을 두고 서술했다. 그렇기 때문에 독자들에게 새로운 것으로 보일 수 있는 모든 개념들을 설명하려고 노력했다. 나는 그들을 힌두이즘의 전문가로 만들려 하지 않는다. 관심있는 독자들이 쉽게 볼 수 있는 힌두이즘에 관한 서적의 양은 매우 많다. 이 책은 한편으로는 힌두이즘에 대해 아무 것도 알지 못하는 사람들에게 힌두이즘의 본질과 기능에 대한 몇 가지 기본 관념들을 제시하고 다른 한편으로는 그들이 그에 대해 더 읽어 볼 수 있도록 자극하기 위한 입문서일 뿐이다. 나는 몇몇 독자들이 예를 들어 그것이 전적으로 깊이 고려된 것이지만 육파철학의 장의 간략함과 같이 몇몇 장들의 범위에 부여된 한계로 인해 실망할 수도 있을 것이라는 사실을 알고 있다. 나는 힌두이즘에 두꺼운 책을 더하기를 원하지 않았으며, 많은 노력을 기울이지 않는 사람조차도 쉽게 읽을 수 있는 책을 쓰려고 노력했다. 보다 학적인 독자들은 비록 그가 첫 번째 서문에서 내가 대부분의 힌두 사상 학파들의 기본적 특징을 제시하기를 원한다는 바람처럼 이 책을 이용할지라도 모든 곳에서 만족을 얻을 수 있을지에 대해서는 염려스럽다.

나는 이 책의 구조에 대해 설명을 해야한다. I에서는 힌두 사상 학파들의 본질과 이념들이 논의되었다. II에서는 힌두 사상의 전개와 실천방법들이 역사적으로 연구되었다. 그리고 III에서 다양한 힌두의 전거들로부터 발췌된 모음을 제시했다. 나는 독자들이 비교적 넓은 범위를 아우르는 이 발췌문들로부터 처음 주어진 관념들을 얻기를 바란다.

마지막으로 이 책을 쓰는 동안 친구들과 동료들로부터 받은 도움과 조언에 대한 감사를 표해야 한다. 나의 교육과 배경은 거의 완벽하게 동양적이며 나의 생각은 영어보다는 인도 언어들로 표현하는 것이 더 쉽다는 것을 안다. 지금까지 나의 작품들은 대부분 인도 언어들로 쓰여졌기에 영어로 이 책을 저술하는 것이 매우 힘들었다. 하지만 나의 친구들과 동료들이 많이 도움을 주었다. 그들은 또한 이 책을 저술하는데 다른 많은 방법으로도 나를 도와주었다. 나는 특별히 시시르 꾸마르 고쉬(Sisir Kumar Ghosh) 박사의 실질적인 도움과 협조에 감사드린다. 나는 또한 나의 손자인 아마르띠야 꾸마르 센(Amartya Kumar Sen)이 책의 형식과 배열에 도움을 준 것에 대해 고마움을 표한다.

Kshiti Mohan Sen

Santiniketan

1월 1959년

1부

힌두이즘의 본질과 원리들

제1장 서론

약400년 전 인도에 시인이면서 성자였던 라자브(Rajjab)가 살았다. 라자브가 깨달음을 얻었다고 알려지자 여기저기서 사람들이 그에게 와서 물었다. "당신이 본 것은 무엇입니까? 당신이 들은 것은 무엇입니까?" 그가 대답했다. "나는 삶의 전체 놀이를 봅니다. 나는 천상의 소리로 '아직 형상이 없는 것에 형상을 부여하고 큰 소리로 말하고 표현하라'라고 노래하는 것을 듣습니다."

라자브가 말했듯이 삶은 표현을 요구하며 그것은 거리낌 없이 말해져야 한다. 인간은 행위해야 하고 그의 육체적 요구들을 만족시키기 위해 애써야 한다. 그러나 이것으로 충분하지 않다. 그는 더 많은 것 다시 말해서 3천 년 전에 아타르바베다(Athavaveda)의 한 찬가(Ucchishṭa Sūkta)에서 넘치는 재산을 칭송했던 것보다 더 많은 것을 원한다. 처음 거기에는 의아한 느낌이 있고 다음으로 신비로운 경험들로 경외감에 휩싸인다. 힌두이즘에 관해서 우리는 기원전 2천년 경에 주로 만들어진 베다 상히따(Saṃhitā)들에서 이것을 발견한다. 라빈드라나트 타고르(Rabindranath Tagore)의 말에 의하면 '존재에 대한 의아함과 경이로움의 집합적인 반응에 관한 시적 증거들이 존재했다. 문명의 여명의 시기에 깨어난 활발하면서도 세파에 물들지 않은 상상을 가진 사람들이 삶속에 함축된 무한한 신비를 자각했다.'[1] 이것은 결국 우리가 우빠니샤드(Upanishad 800 B.C.)와 인도철학에서 발견하는 것과 같은 존재와 삶의 이론을 이끄는 사색으로 이어졌다.

이것은 힌두 종교의 한 측면이다. 다른 부분은 행위의 도덕적 규범이다. 모든 종교는 인간이 일상으로 하는 것과 그 가치에 따라 인간들이 마땅히 해야만 하는 것 사이에 갈등을 찾아내려는 경향이 있다. 이 갈등은 우주의 본질에 대한 인간의 개념과 밀접하게 연관된다. 한때 인간은 신의 창조물인 것으로 인정되었다. 그리고 모든 인간은 형제들인 것으로 인정되어 사심없는 봉사와 희생이 당연시되었다. 일찍이 우빠니샤드는 모든 곳에 편재한 신의 이론을 드러냈고 바가바드기따(Bhagavad-Gītā)에 의해 설해진 사심없는 행위의 개념은 피할 수 없었다.

우리는 오늘날 과학의 시대에 살고 있으며 많은 면에서 우리의 선조들보다 운이 좋다. 하지만 우리가 우리 조상들보다 더 안전하게 느낀다고 말하는 것은 경솔하다. 우리가 얻고자 하는 사회는 개인과 사회적 삶의 조화를 달성했다고 주장하기는 더욱 힘들다. 그것과 연결된 현대과학과 사회적 발전은 기회와 도전으로 이루어져 있다. 나는 힌두이즘이 우리시대의 이러한 당혹스런 문제들 대한 완벽한 대답을 갖고 있다고 주장하지 않는다. 그러나 아마도

---

1) *Foreword to Hindu Scriptures*, Ed. Nicol Macnicol. Everyman`s Library, 1938, 148-9쪽.

그 기본적인 믿음들과 철학은 현대 세계의 문제와 관련이 없지 않을 것이며 이 시대의 어려움들에 의해 일어났던 몇 가지 문제들의 완전한 의미를 알아보는데 도움을 줄 수 있을 것이다. 힌두이즘의 중심이론들에 대한 설명이 정당화될 수 있다는 사실이 이 같은 맥락 안에 들어있다. 과거에 이 이론들은 전 세계의 거의 절반에 해당하는 사람들에게 부분적으로 힌두이즘 자체뿐만 아니라 또한 자이나교와 불교와 같은 분파들을 통해서도 영향을 미쳤다. 그것이 아마도 이 책을 쓰는 충분한 변명이 될 것이다. 그러나 힌두철학이 단지 과거의 문제만이 아니라 현재의 문제들과도 커다란 연관을 맺고 있다는 것이 저자의 믿음이다.

힌두이즘의 원리를 그 의미 체계에 친숙하지 않은 사람들에게 설명하는 것은 어려운 일이다. 그 중 한 가지는 사용되는 몇몇 용어들이 유럽 언어와 정확하게 같지 않다는 사실이다. 힌두이즘에 대한 대부분의 저자들은 다르마(dharma)와 종교가 같은 것이 아니며 힌두교 사원인 만디르(mandir)가 힌두 교회가 아니며 자띠(jāti)는 카스트와 같은 것으로 번역되지만 만족스럽지 못한 번역이라는 사실을 지적해야 한다. 사다나(sādhanā; 수행)와 같은 힌두철학에서 매우 중요한 단어는 영어에는 상응하는 단어가 없다. 이것은 기독교 문화와 언어에서 십자가(cross)나 자선(charity)과 같은 단어와 관념에 대한 정확한 동의어를 찾기 어려운 것에 비교될 수 있다.

힌두이즘에 대한 정의는 또 다른 어려움을 야기한다. 힌두이즘은 어떤 위대한 건축가에 의해 특정한 때 특정한 지점에 세워진 빌딩보다는 점진적으로 자라나는 나무와 같다. 앞으로 우리가 보게 되겠지만 많은 문화들의 영향과 힌두사상의 몸체가 그 안에 담겨있다. 그렇기 때문에 그 자체가 인도국가의 많은 다양성을 제공한다. 그러므로 『비교종교』(*Comparative Religion*)를 저술한 A.C. Bouquet가 '특별히 인도는 종교적 문제의 해결을 위한 상상할 수 있는 모든 노력의 형태를 제한된 예들 속에 제공한다'는 사실을 찾아낸 것이 놀라운 일은 아니다.[2] 이른바 아리아인의 인도침입 이전의 드라비다인의 문화와 비드라비다인 사람들, 실질적인 산스끄리뜨화된 아리아인 문화, 후기 침입자들의 문화, (힌두이즘에서 태어난) 불교, 자이나교, 시크교의 영향 그리고 (외부에서 유입된) 이슬람과 기독교의 영향은 힌두 사상 발전의 다양한 단계에서 추적될 수 있다.

이것은 때때로 암시되었던 것처럼 힌두 종교의 다양한 지파들이 실제로 공통적인 것이 아무 것도 없다는 사실을 의미하지 않는다. 교리들은 어느 정도 학파에서 학파로 다양화되었지만 이 모든 이론들 가운데 특정한 기본적 단일성이 존재한다. 서로 다른 대답들이 다른 학파들에 의해 주어진 이유 가운데 하나는 서로 다른 물음들이 물어졌다는 사실이다. 진실로 관념들이 서로 다르게 주어졌을 때조차도 거기에는 종교적 가설들의 특정한 단일성이 남아있었다. 이것은 어떻게 샹까라(Śaṃkara)의 일원론(monism: '오직 신만이 실재한다')과 박띠(Bhakti: 헌신) 학파의 이원론(언제 자신을 당신의 발아래 놓아 둘 수 있을까?)처럼 뚜렷하게 모순되는 철학들이 비폭력적인 갈등을 이끌었는지를 설명할 수 있다. 단일화의 다른 근원은 몇몇 인도철학자들이 짜리뜨라(caritra)라고 불렀던 행동 또는 특성이다. 행위의 양태와 행동을 결정하는 가치들에 대한 특정한 동의가 있다면 종교적 관념을 따르지 않는 많은 것이 허용되었다. 그렇기 때문에 많은 힌두인들이 불교조차도 힌두교의 한 분파

2) *Comparative Religion*. Penguin Books, 5판, 1956, 112쪽.

로 간주한 것은 놀랄 일이 아니다.

이 책은 2부분으로 나뉜다. 첫 번째는 힌두 종교사상과 수행의 중요한 특징들을 다루는 반면, 두 번째는 가장 초기의 시대로부터 힌두이즘의 성장에 대한 간략한 역사가 시도되었다. 자연적으로 이 책 속에서 그것이 짧은 만큼 힌두이즘에 대한 광범위한 설명과 같은 것은 주어질 수 없었다. 그 대신에 나는 힌두이즘의 주된 성향들과 특징들, 힌두이즘이 인도역사 속에서 지나갔던 단계들을 연구처럼 보이는 것에 대한 그림을 제공하려고 노력했다.

제2장 힌두이즘의 본질과 성장

힌두사회는 많은 인종과 많은 문화들의 산물이다. 힌두사회와 종교의 복합성을 이해하기 위해서는 이러한 사실을 인정하는 것이 필요하다. 힌두라는 용어는 신두(Sindu: Indus) 강으로부터 파생되었고 페르시아인들은 인도를 신두 넘어 있는 땅의 이름으로 불렀다. 따라서 힌두이즘은 인도에 사는 사람들의 종교들을 의미하는 일반적인 용어인 것처럼 보일 수 있다. 하지만 힌두이즘에는 이러한 파생이 제시하는 것보다 더 큰 단일성이 존재한다. 실제로 힌두이즘은 수세기 동안 인도의 단일성을 보존하는데 가장 중요한 요소였다. 이 복합적인 종교가 어떻게 전개되었는지는 흥미로운 이야기이다. 우리는 이 장에서 간략한 역사적 개괄을 할 것이고 이 책의 2부에서 더 상세하게 그 과정을 논의할 것이다.

인도문명에서 가장 초기로 알려진 것은 이른바 인더스문명(Indus Valley Civilization)이다. 기원전 2500년경에 이 문명이 이미 충분히 발달되어 있었다는 징후들이 있다. 그것은 기원전 2000년 중반에 아마도 스스로를 아리아(Ārya)라고 묘사했던 사람들의 침입 때문에 붕괴했다.[1] 오늘날 아리아인으로 불리는 이 용어는 특히나 히틀러와 나치즘과의 연관 때문에 어색한 표현이 되었다. 이것은 '아리아인'이 인도 역사에서 가장 보편적으로 사용되는 용어 가운데 하나이기 때문에 불행한 일이다. 특별한 집단을 대표하는 것을 제외하고 이 용어는 '고귀함' 또는 '선함'을 의미하기도 한다. 그래서 이 용어가 서구인의 마음에 불행한 연관을 맺고 있는 것과 마찬가지로 인도인의 생각에는 보다 매력적인 연관을 맺고 있다. 아리아 인종과 같은 것이 실제로 있었는지에 대한 몇 가지 의문이 생겨났지만 이것은 실제로 우리의 고려 대상이 아니다. 기원전 2000년경에 스스로를 아리아인이라고 부르는 침입자들이 인도에 도착했다는 사실에는 의심의 여지가 없다. 그들은 그로부터 산스끄리뜨(Sanskrit)의 기원이 되는 언어를 사용했고 그들의 종교는 리그베다(Ṛgveda)에 나타나 있는 것이었다. 우리는 아리아인이라는 표현을 이 그룹의 사람들을 대표하는 것으로 사용할 것이다.

1) 아리아인의 인도침입이 지금까지 우리에게 주어졌던 개념이지만 현대에 들어와서는 예를 들어 고고학적 발굴의 결과를 토대로 이에 대한 다른 견해들이 존재한다. 현재까지의 관점은 크게 세 가지로 정리된다. 첫째 Mortimer Wheeler 같은 경우 인도아리아인이 인더스 문명을 전복시켰다는 인도침입설을 주장하지만 하랍빠 지역에 대한 새로운 발굴의 결과 고고학자들에 의해 이 이론은 비판받았다. 두 번째는 인도아리아인들이 인도아대륙으로 파괴적인 정복이 아니라 평화적으로 이주했다는 인도아리아인 이주설이다. 세 번째는 아리아인 토착설로 인도아리아인이 인도아대륙에 원래부터 존재했다고 주장하지만 대부분의 언어학자들에 의해 비판되었다. 이러한 세 가지 이론들 가운데 현재는 첫 번째 이론보다는 두 번째 아리아인의 인도이주설과 세 번째 아리아인 토착설이 타당한 것으로 여겨지는 추세이다. 이 가운데 세 번째 이론은 주로 힌두민족주의에서 주장하며 이로 인해 베다의 기원을 통상적인 기원전 1500년경이 아닌 그보다 훨씬 이전의 시기(기원전 4500년경)로 끌어올리기도 한다.- 역자 주

베다에 나타나 있듯이 아리아인의 종교는 전체적으로 다신교(polytheistic)였으며 베다신화는 유럽의 신화들과 몇 가지 유사성을 드러내고 있는 것으로 보인다.[2] 그들의 예배방식은 열린 공간에서 불을 피우고 그 주위에서 희생제를 거행했던 것으로 보인다. 대부분의 베다의 신들이 해, 달, 불, 폭풍 등등과 같이 자연의 능력들이었던 것처럼 자연은 명백하게 그들의 주된 몰두대상이었다. 인더스문명의 종교에 대한 우리의 지식은 완전하지 않지만 이들은 후대 힌두신화와 어느 정도 연관된 남성과 여성 양자의 신들을 경배했던 것 같다. 인도의 점진적인 단일화 과정에서 가장 중요한 표식들 가운데 하나는 아리아인과 비아리아인의 신화들이 융합되어 공동의 신화로 발전한 방식이다. 하지만 힌두철학의 관점에서, 보다 중요한 것은 서로 다른 삶에 대한 조망들이 우빠니샤드(Upanishad), 기따(The Gītā), 담마빠다(Dhammapada: 법구경) 등등의 철학들처럼 서로 영향을 미치면서 절충점들을 찾아가는 방식이다.

아리아인들은 매우 활동적인 사람들이라 금욕주의(asceticism)나 포기(renunciation)과 같은 관념들에 대해서는 반감을 느꼈다. 우리가 추측하는 한 이 관념들은 초기 인도문명에서 토착적인 것이었다. 비베다적인 사람들은 아리아인들처럼 희생제의 불과 만나지 못했다. 그들의 종교적 전통들이 계속되었던 접점은 신성한 목욕

2) 베다와 이란의 아베스타(Avesta) 그리스와 로마문헌들 그리고 심지어 튜턴(Teuton, 게르만)과 북유럽(Nordic) 이야기들(예를 들어 고대 북유럽의 시 모음인 Edda에 포함된 시들)과의 비교는 그들 각각의 신화적 믿음 사이에 놀랄 만한 유사성을 드러낸다. 예를 들어 베다의 하늘의 신 드야우스(Dyaus) 또는 드야우스-삐따르(Dyaus-pitar)는 다름 아닌 그리스의 제우스(Zeus), 라틴의 주피터(Jupiter), 고대 북유럽의 티르(Tyr) 그리고 고대 튜턴의 지우(Ziu)이다. 힌두의 신 미뜨라(Mitra)는 그에 관한 의식이 3-4세기 동안 로마제국에서 널리 퍼져나가게 되었던 이란의 미트라(Mithra)와 같다. 신화 외에 그들의 삶과 죽음, 지상과 천상에 대한 견해들도 매우 공통되는 것으로 보인다.

(세례) 장소였다. 기원전 10세기 시작 무렵 두 가지 종교적 전통들이 함께 하면서, 베다 종교는 포기와 금욕주의 등등의 관념을 수용한 것으로 보인다.

우빠니샤드(기원전 8세기 경)는 브라흐만(Brahman)과 아뜨만(Ātman)의 이론에 중점을 두었다. 브라흐만은 편재하는 신을 의미한다. 영어 독자에게 이 용어는 그것이 통상적으로 영어로 브라흐민(Brahmin)이라고 쓰는 일군의 사제 카스트인 브라흐마나(brāhmaṇa)와 혼동될 수 있기 때문에 보다 혼란스럽다. 브라흐민이라는 용어가 비록 음성학적으로는 잘못이지만, 이미 영어 단어가 되었고 '브라흐만'과 구별하기가 더 쉬울 것이기 때문에 이 책에서는 이 용어를 사용할 것이다.[3] 다른 용어인 아뜨만은 자아를 의미한다. 우빠니샤드는 브라흐만과 아뜨만이 동일하다고 지적한다. 지고의 존재는 모든 영혼들 속에 스스로를 현현했고 종교 수행자들은 우빠니샤드 속에서 그것을 '네가 곧 그것이다(Tat tvam asi)'라는 말로 드라마틱하게 말했다. 이 관념은 대부분의 힌두 종교 사상의 핵심을 제공하며 후에 샹까라(Śaṃkara)의 불이론(不二論, advaita)으로 발전된다. 이것은 세계의 존재를 신과 분리된 것으로 간주하는 것을 부정하는 일원론이다. 하지만 바가바드기따(Bhagavad-Gītā)에서는 우빠니샤드의 가르침이 약간 다르게 발전한 것을 발견할 수 있다. 그것은 우빠니샤드보다 후(기원전 1000년 중엽)에 만들어

3) 저자는 그것이 이미 통용되는 단어이고 일자인 브라흐만과 혼동되기 때문에 브라흐민이라는 단어를 쓰고 있지만 현재는 브라흐마나라는 원래의 단어를 사용하는 경향이 더 크다. 그렇기 때문에 독자들의 편의를 위해 여기서는 브라흐민이라는 용어 대신 브라흐마나로 사용하도록 한다. 하지만 브라흐마나의 경우에도 베다에 나타나는 브라흐마나 문헌과 혼동이 될 수 있다는 문제점이 있을 수 있다. 그렇기 때문에 여기서는 브라흐민 대신 브라흐마나 사제계급이라는 용어를 사용하여 양자의 혼동을 피하기로 한다.- 역자주

진 것으로서 세상의 비실재성이 아니라 이 세상을 살아가는 인간의 의무들에 대해 논의했다. 영혼의 불멸성을 주장하고 이기심 없는 행위를 이상적인 것으로 제시하면서 모든 인간의 의무들을 강조하고 있다. 현대 힌두이즘의 주된 토대가 형성된 것은 이 시기(기원전 800-500년)였다. 다신교는 일신교에 자리를 양보했고 행위의 도덕규범이 명백하게 출현했으며 미래의 종교적 성향들이 대부분 이때 정해졌다. 이 시기에 자이나교와 불교가 출현한다. 둘 다 포기와 사랑의 힌두 이념을 발전시키면서 윤회에 관한 힌두 형이상학들을 사용했지만 강조점은 상당히 달랐다. 인도는 얼마동안, 특히나 기원전 3세기 아쇼까(Aśoka) 대왕의 치세기간 동안 불교가 주가 되었다. 후에 힌두이즘이 다시 세력을 얻기는 하지만, 불교는 힌두이즘의 문화적 내용을 확장하고 도덕규범들에 영향을 미치면서 힌두이즘과 그 신화에 커다란 영향을 남겨놓는다.

불교 이후(post-Buddhist)의 힌두이즘은 다양한 경향을 드러낸다. 힌두의 기록들은 신에 도달하는 세 가지 주된 방법들 즉, 갸나(jñāna: 지식), 까르마(karma: 행위), 박띠(bhakti: 헌신, 신애)를 강조한다. 예를 들어 아드바이따 베딴따학파와 같은 몇몇 사상 학파들은 지식을 강조하는 반면 많은 운동들은 신의 본질에 대한 이해보다는 열광적인 헌신의 길을 택한다. 하지만 이것은 결코 불교 이후의 현상이 아니다. 박띠 전통은 베다시대 이후부터 발견되지만 전체적으로 비아리아인의 전통에 속한다. 기원전 1000년의 후반 무렵 아바따라(avatāra: 신의 화신) 관념이 발전하면서 박띠에 도움을 준다. 왜냐하면 우빠니샤드의 추상적이고 편재하는 브라흐만보다 인격신을 사랑하는 것이 사람들에게 훨씬 쉬웠기 때문이다. 박띠 운동이 가끔 화현하지 않는 신에 대한 헌신을 토대로 했지만 대부분은 끄리슈나(Kṛishṇa) 또는 라마(Rāma)와 같은 아바따라들을 중심으로 하였다. 심지어 화현하지 않는 신에 대한 헌신의 경우에도, 몇몇은 형상없는 형태(formless)로서 이른바 비슈누(Vishṇu), 쉬바(Śiva), 깔리(Kālī)의 형태로 경배되었다. 우리는 뒤의 장에서 모든 형상을 넘어선 일자에게 하나의 형상을 제공하는 힌두전통에 대해 논의할 것이다. 박띠 운동은 특별히 중세 시대에 성행했고 무슬림 수피(Sūfi) 전통에 의해 보강되었다.

현대에 들어와서, 부분적으로 기독교 선교활동에 대한 반작용으로 우빠니샤드와 같은 고대 힌두자료들에 대한 대중적 관심이 증가되었다. 대부분의 지식인 계층은 세계가 브라흐만의 구체화라는 우빠니샤드의 교리를 믿는 것으로 보인다. 덜 추상적인 형태의 종교 예배에 대한 관심은 이들 계층에서는 쇠퇴하였고 때로는 순수하게 종교적인 활동들 보다는 사회적 관습으로 더 많이 실행되었다. 하지만 경제적으로 가난한 힌두인들의 대다수는 순수한 지식의 길보다는 오히려 헌신과 행위의 길을 사용함으로써 전통적으로 단순한 방법으로 신에게 다가간다. '힌두이즘은 다신교'라는 서구에서의 일반적인 잘못된 믿음은 이러한 방법들이 계속되는 것에 책임이 있다. 브라흐만 이론을 이해하지 못하면, 대중적인 힌두이즘에서 신이 서로 다른 형태들로 예배되기 때문에 이러한 실수를 쉽게 범할 수 있다. 인도인들은 특정 계층 사람들의 사회적 전통에 따라 힌두신화에 등장하는 특정한 형상에 대해 특별한 애착을 보이며 그러한 형상의 신을 숭배한다. 이름 없고 형상 없는 존재가 다양한 이름들로 불리고 다양한 형상들로 나타나지만 그렇다고 해서 그가 유일자라는 사실을 잊지는 않는다.[4] 이 관념은 경전들과 문헌들에서만 나타나는 것이 아니었고 지식없

4) 이 문제는 제5장에서 더 논의된다.

는 대부분의 신자들은 이 진리를 받아들인다. 이것은 인도 사다나(sādhanā: 성취를 위한 수단)가 갖는 다양성 속의 통일성을 부분적으로 설명해준다. 이것이 라자브(Rajjab)가 400년 전에 '각기 다른 종파들의 예배는 마치 아주 많은 작은 시냇물들이 바다를 향해 움직이는 것과 같이 모두 신을 향해 움직인다'고 노래했던 의미이다.

제3장 사회적 이념과 가치

힌두이론에 따르면 이상적인 삶은 학생 생활기인 학습기(brahmacarya), 가정생활과 사회적인 일을 하는 가정생활기(gārhasthya), 사회적 의무를 내려놓고 은퇴하는 은둔기(vānaprasthya) 그리고 마지막으로 은둔자의 삶을 사는 유행기(sannyāsa)라는 네 가지 단계(āśrama)들로 이루어진다. 학습기는 교육과 힘든 일을 하는 실질적인 기간이다. 힌두적 가치에서는 지식인 갸나와 육체적이고 정신적인 수행인 요가가 언제나 존경을 받아왔으며 학생으로서의 교육은 젊은 사람의 첫 종교적 의무로 간주되었다.[1] 가정생활기는,

1) 이러한 삶의 관점에 따라 교육이 형이상학과 종교적 가르침만으로 구성되어야 한다고 추정해서는 안된다. 초기 일군의 인도인들이 문학은 말할 것도 없고 문법, 논리, 음성학, 산수, 삼각법, 대수에 끼친 공헌은 종교적인 사람들로부터 발생한다. 같은 일은 기원 초의 의학 저술들(예를 들어 짜라까(Caraka)의 의학, 수슈루따(Suśruta)의 외과학)에서도 마찬가지이다. 힌두철학자들이 물질세계를 넘어서려고 노력했음에도 물질세계의 실제들이 무시되지 않았

비록 포기가 중요한 힌두 가치일지라도 이후의 삶보다 덜 중요한 기간으로 간주되지 않는다. 어떤 면에서 가정생활기는 네 가지 아슈라마들의 중심축으로 간주된다. 왜냐하면 그것은 전체 사회 구조에 통일성과 화합을 제공하고, 또한 다른 아슈라마들이 유지되기 위해서 그것에 의존하기 때문이다. 힌두는 사회적 삶의 이상들이 특별한 힘을 가지고 적용될 때 이 단계에서 실질적 결혼생활을 인도하는 것으로 생각한다. 때때로 힌두의 이상은 무위(inactivity)라고 말해진다. 그러나 실제로 힌두경전의 많은 부분은 실질적 삶의 가치를 논의한다. '그대는 규정된 행위를 실행하라. 왜냐하면 행위는 무행위보다 낫고 그대 몸의 유지 또한 무행위로 성취될 수 없기 때문이다'(Bhagavad Gītā 3장 8절). 끄리슈나는 아르주나에게 '인간은 행위적이어야 하며 그의 의무를 이행해야 한다. 그러나 그 행위는 이기심이 없어야 하며 다시 말해서 천국의 최고의 목적이나 보상을 위한 것이 아니어야 한다'고 지적한다.

하지만 삶의 세속적인 두 번째 기간에서 성공은 충분히 고려되지 않는다. 바르뜨리하리(Bhartṛihari)는 다음과 같이 말한다. "당신이 모든 욕망들의 근원을 획득하면 어찌 되는가? 그대가 발로 적의 머리를 밟으면 어찌 되는가? 또는 그대의 좋은 행운으로 주변

다. 실제로 물질세계의 바른 지식은 언제나 힌두교육의 한 부분으로 간주되었다. "그러므로 지식의 발전은 분명하고 순수하며 훈련된 지성에 기반을 두어야 할 필요가 있다. 또 지식은 때때로 감각적 사실들, 즉 물질세계의 구체적인 현실들에 대한 억제로 돌아감으로써 자신의 실수를 바로 잡는 것 또한 필요하다. 대지와의 접촉은 그가 초물질적 지식을 추구할 때조차도 언제나 대지의 아들에게 활기를 불어넣는다. 초물질적인 것은 실제로 우리가 물질세계에 두 발을 단단히 고정하고 있을 때 그것의 충만함—우리가 언제나 도달할 수 있는 그것의 최고점—에 이를 수 있다고 말해질 것이다. 그것이 우주로 표현된 자아(아뜨만)를 묘사할 때마다 우빠니샤드에서는 '대지는 그의 발이 딛고 선 자리이다'라고 말한다.(Shri Auronindo. The Life Divine, New York, 1949, 12-13쪽).

에 친구들이 모이면 어찌 되는가? 심지어 그대가 오래도록 살 수 있는 몸을 유지하는데 성공한다면 어찌되는가? 그 다음은 어찌 되는가(tatah kim)?" 그들이 크게 생각하는 물질적 세계의 성공들은 충분한 것으로 간주되지 않는다. 해탈을 의미하는 목샤(moksha) 또는 묵띠(mukti)의 이상이 들어오는 것은 여기이다. 이러한 해탈의 이상은 부정적인 단계가 아니다. 그것은 완전함, 존재의 충만함, 까르마의 속박에서 벗어난, 즉 윤회에서 벗어난 상태이다. 힌두 형이상학에서는 윤회가 인정되고 해탈인 목샤 또는 묵띠는 불교의 열반(nirvāṇa)과 마찬가지로 그것을 벗어나는 것이다. 힌두는 세 번째 단계인 은둔기에서는 후에 은둔자의 삶(sannyāsa)을 살기 위해서 사회적 가치와의 결합이 느슨해지는 것으로 생각된다. 라빈드라나트 타고르(Rabindranath Tagore)에 의하면 '우리의 감각기관이 약해졌을 때 우리는 그것들이 계속해서 노력하도록 촉구한다. 심지어 우리의 잡는 힘이 느슨해졌을 때조차도 우리는 쥐고 있는 것을 포기하지 못한다. 우리는 피할 수 없는 것을 자연스러운 것으로 인정하도록 훈련받지 않았기에 계속해야만 하는 것을 우아하게 포기하지 못하고 꼭 우리에게서 그것을 빼앗아 갈 때까지 기다려야만 한다.'[2] 이러한 평범한 행동과 대비해서 이상적인 사람은 점진적으로 현실적인 삶에서 벗어나 세속적인 성공이 아니라 해탈을 생각하는 것으로 간주된다. 그러므로 포기는 인간의 이상적인 삶의 중요한 부분이 된다.

이 논의에서 명백해졌듯이 힌두의 가치체계는 복합적이다. 그것은 지식을 포함하고, 실질적인 행위를 받아들이고, 희생제와 다른 사람들에 대한 봉사를 강조하면서 포기를 정점으로 삼는다. 때

2) *Religion of Man*, London, 1931 198쪽.

때로 올바른 정보를 갖고 있는 외국 관찰자들조차 힌두윤리의 몇몇 부분들을 오해하도록 만드는 것이 이러한 복합성이다. 예를 들어 인도에 대해서 다음과 같이 제시되었다.

> ... 세속을 포기하는 금욕주의는 보편적으로 존경받는 유형이며 그의 포기는 이타적이거나 박애주의적인 면에서가 아니라 순수하게 이기적인 것이다. 왜냐하면 영원한 행복을 추구하는 것은 모든 사람의 임무이고 자유이기 때문이다. 그리고 일반적으로 인정된 윤회의 사슬로부터, 그리고 생물학적 존재의 굴레로부터 자신을 구하는 것과 연관된 것은 그의 성품에 문제가 있는 것으로 간주되지 않는다. 간디(Gandhi)가 자신의 영혼을 육체의 속박에서 벗어나게 하기 위하여 스스로를 복종시키는 수행의 일부로서 그의 동포에게 사심없이 봉사한 것은 서로 부합하지 않았다. 왜냐하면 다른 사람들에 대한 자기를 잊은 헌신적인 봉사는 기독교적인 것이지 힌두적인 관념이 아니기 때문이다.[3]

실제로 힌두가치에 대한 이러한 비판에는 어느 정도 정당성이 있다. 왜냐하면 개인의 자유에 대한 포기가 가장 광범위하게 실행된 면들 가운데 하나였기 때문이다. 하지만 복합적인 힌두 가치체계 속에서도 다른 사람에 대한 자기를 잊은 헌신적인 봉사가 포기보다 덜한 기본 교의가 아님은 의심의 여지가 없다. 이것은 많은 힌두경전들, 그 중에서도 특히 힌두윤리에 관한 위대한 작품인 바가바드 기따에서 강조되고 있다. 마하뜨마 간디(Mahatma Gandhi)는 이 문헌에서 자신의 봉사에 대한 이상적 관념을 발견했다고 말

3) Bouquet, A.C., 앞의 책, 147쪽

했다. 기따에서 끄리슈나는 다음과 같이 말한다. "모든 욕망들을 떨쳐버리고 욕망 없이 '내 것'과 '나'라는 생각 없이 행위 하는 사람에게는 평화가 온다. 쁘리타(Pṛithā)의 아들이여, 이것이 브라흐마가 거주하고 있는 상태이다'(2장 71-2절). 다른 부분에서 끄리슈나는 다음과 같이 말한다. '행위 자체에 그대의 임무를 두라. 결과들에 그것을 두어서는 안 된다. 일의 결과들에 의해 움직이지 마라. 그러나 그대를 행위하지 않고(worklessness) 살도록 집착하지 마라. 부유한 승리자여, 법칙에 머물면서 집착을 떨쳐 버려라. 그대는 얻거나 얻지 않거나 그것에 무심한 채 그렇게 행위하라. 무심함이 법칙이라고 불린다'(2장 47-8절). 바가바드 기따는 기원 전 1000년에 만들어진 이래 힌두교의 기본적인 행위규범이 되어 수많은 세기 동안 마하뜨마 간디와 같은 사람들의 도덕적 가치에 영향을 주었다. 불교와 자이나교의 무심한 행위에 대한 관념은 그들의 모체가 되는 종교의 이러한 관념에서 유래된 것이다. 물론 아쇼까(Aśo-ka)와 같은 일부 불교도 통치자들이 대부분의 힌두교 왕들보다 더 크게 열정적으로 그것을 실천했다는 것은 의심의 여지가 없다. 하지만 예를 들어 굽따 왕조의 몇몇 왕들처럼 공공의 봉사로 커다란 명성을 얻었던 힌두 지도자들도 있다. 또한 예를 들어 1183년에 쉬바 종단의 지도자 비슈웨슈와라(Viśveśvara)가 산부인과 병원을 설립한 것처럼 힌두교의 종교 지도자들에 의해 실행된 사회봉사의 괄목할 만한 혁신과정도 있었다. 실제로 16세기 영국 여행가 랄프 핏치(Ralph Fitch)[4]가 우연히 들렀던 쿠치 베하르(Cooch Behar)

4) '나는 벵갈라(Bengala)에서 코치(Couche)의 도시로 갔다. 여기서 그들은 모두 이교도이면서 아무 것도 죽이지 않는다. 그들은 양들, 염소들, 개들, 고양이들, 새들 그리고 모든 다른 살아있는 생명체들을 위한 병원을 가지고 있다. 그들이 늙고 약해지면 그들이 죽을 때까지 그들을 돌본다. 만일 어떤 사람이 다른 장소에서 생명이 거의 다한 동물을 잡거나 사서 이곳으로 데려온다면

에 있는 수의과병원은 타인에 대한 봉사가 단지 사람에 국한된 것이 아니라 모든 살아있는 생명체에 적용된다는 사실을 보여준다.

거듭해서 말하자면 힌두교의 윤리는 상당히 복합적인 것 가운데 하나이다. 개인의 의무들은 본인의 개인적인 기질과 경력의 단계에 따라 달라질 수 있다. 물론 거기에는 정직함, 친절함 그리고 사랑처럼 몇가지 보편적인 가치들이 존재한다. 그것들은 모든 사람들의 의무로 간주되는 것이고, 더 나아가 특별히 추구되는 가치들은 그의 나이와 기질과 연관되는 것으로 생각된다. 그러므로 포기와 간혹 '다른 세상'이라고 불리는 것만이 힌두교의 가치는 아니다. 실질적인 물질적 봉사는 인도인의 삶에서 명상과 영성만큼 많은 부분을 차지한다. 심지어 초월적인 것에 대한 접근조차도 지식이나 행위 또는 헌신의 도움 가운데 어느 하나를 통해서 가능할 수 있다. 그들의 삶의 완전함을 위해 필요한 기도들을 발견하지 못한 사람은 선한 행위를 통하여 그(신 또는 절대자)에게 자유롭게 다가간다. 다른 사람들에게 기도는 그들이 신에게 다가가는 필수적인 길일 수 있다. 헌신의 길은 그들 가운데 가장 좋은 길일 수 있다. 힌두교 가치 체계의 적절한 이해를 위해서는 '신을 향한 많은 길들'이라는 이 기본적 전제를 이해하는 것이 핵심이다.

물론 힌두이즘의 모든 높은 이상들이 언제나 실현되었다고 주장될 수는 없다. 경전에 설해진 이상들과 실질적인 실천 사이의 차이는 다른 종교에서도 알려지고 있는 것이다. 힌두인들 또한 가끔 그들의 윤리규범들과 전적으로 모순된 삶을 살았다. 하지만 다행스럽게도 (다른 종교와 마찬가지로) 힌두이즘 역시 그의 전 역사를

그들은 그에게 돈 또는 다른 식품들을 지불하고 그것을 병원에 두거나 놓아준다'(*Early Travels in India*. Ed. William Foster, Oxford University Press, 1921, 24-5쪽).

통해 이 타락한 성향들에 대한 반작용으로 커다란 개혁운동을 낳았다. 이 책의 두 번째 부분에서 이러한 몇 가지 운동들에 대해 다룰 것이며, 이 운동들의 정신이 3-4천년 동안의 힌두이즘의 삶을 통해 사회적 이상들을 생생하게 유지해왔다는 사실을 언급할 것이다. 그리고 역사 속의 다양한 운동들에서 위대한 인도 종교 사상가들(붓다도 예외는 아니다)에 의해 만들어진, 그들 자신의 시대의 타락한 이상들에 대한 저항을 주시해야 한다는 것은 이런 관점에서이다. 그리고 다시 마하뜨마 간디, 비베까난다(Vivekananda), 띨락(Tilak)과 같은 현대의 종교 지도자들의 도전을 검토해야 하는 것도 이런 관점에서이다. 같은 문제로 저항했던 라빈드라나트 타고르는 다음과 같이 말한다.

> 구슬들의 이 찬가와 노래 그리고 이야기를 그만 두십시오. 모든 문이 닫힌 사원의 이 외롭고 어두운 구석에서 그대의 예배는 누구를 위한 것입니까? 그대의 눈을 떠서 그대의 신이 그대 앞에 있지 않음을 보십시오. 그는 농부들이 거친 땅에서 땅을 일구고 있는 곳 그리고 길을 만드는 사람이 돌을 부수고 있는 곳 그곳에 있습니다(기딴잘리(Gitānjali) 11).

제4장 카스트제도

인도의 카스트제도는 힌두이즘의 대부분의 다른 면들보다 더 큰 찬반 논란을 불러 일으켰다. 한편으로 그것이 드러내는 불평등에 대해 분노하면서 역사적으로 그 체계를 바라보지 못하고 이 계층화가 인도 사회의 역사에서 작용했던 부분을 보려 하지 않는 사람들이 있다. 다른 한편으로 카스트제도는 종교의 핵심적 중요성과 상관없는 사회적으로 중요한 문제이며 시간과 세대의 요구에 따라 사라져야만 한다는 사실을 보려하지 않는 힌두 정통주의자들도 있다. 그들은 몇몇 고대 경전들이 카스트제도를 인정하지 않으며 많은 다른 경전들은 그것들을 아주 근본적인 것으로 취급조차하지 않는다는 사실을 잊고 있다. 실제로 카스트제도는, 그것이 오늘날 존재하는 것처럼, 모든 곳에 편재한 브라흐만(Brahman)이 아뜨만(Ātman)과 동일하다는 힌두교의 근본 교리에 크게 위배된다.

카스트제도는 인도사회의 다인종적 특성에서 발전된 것으로 보인다. 인도의 국경 안에서는 세계의 거의 모든 인종적 특징들이 드러날 수 있고 대부분의 사람들은 인종적으로 혼합된 것으로 추측된다. 산스끄리뜨어를 사용하는 아리아인들이 도착하기 전 인도는 이미 다양한 인종적 요소들을 내포하고 있었으며 아마도 그 가운데 드라비다인(Dravidian)들이 가장 우세했을 것이다. 인도의 대부분을 정복한 아리아인들은 적어도 초기에는 피부색깔이 검은 선주민들에게 많은 존경을 받지 못한 것으로 보인다. 이것은 그들에게 무리가 아니었다. 왜냐하면, 비록 유목민인 아리아인들이 더 활력적이고 명사수이며 문맹보다는 나은 교양을 갖추었지만 선주민들은 자신들의 문자, 예술, 조각, 도시 계획에 대한 지식, 그리고 기타 수공예품들을 가진 인더스 문명으로 더 발전된 모습을 가졌고 문화적으로 더 뛰어나다고 느꼈기 때문이다. 하지만 정복자로서 아리아인들은 자신들이 더 강하다고 느꼈고, 정교한 신들(pantheon)을 가진 베다종교를 강하게 믿는 사람들로서 스스로를 보다 올바르다고 생각했을 것이다. 어느 것이 참이든 그 결과로 생긴 서로 다른 공동체들, 서로 다른 종교적 신앙들, 서로 다른 삶의 태도들 그리고 서로 다른 직위들(정복자들은 새로운 상위계급의 대부분을 차지했다)을 가진 복합사회가 엄격한 카스트제도를 만들어냈다. 모든 가능성 속에서 보면 몇 가지 종류의 카스트계급은 이미 아리아인의 도착 전에 존재했지만 그 대부분은 아리아인들이 만들었을 것이다.[1]

1) 불가촉의 관념이 언제 생겨났는지는 명확하지 않다. 경전적 근거는 빈약할지라도 그 기원이 근래인 것처럼 보이지는 않는다. 매우 그럴듯한 가설로서는 불가촉의 형태가 아리아인이 인도에 들어오기 전의 인도에 존재했을 수 있다는 사실이다. 아마도 불가촉이 남인도에서 가장 강했고 그것이 높은 계급에 비해 낮은 카스트들뿐 아니라 때로는 서로 다른 낮은 카스트 사이에도 적용

이론적인 면으로는 사제들과 종교적 스승인 브라흐마나(Brāhmaṇa, Brahmin), 왕들과 무사들 그리고 귀족들인 끄샤뜨리야(Kshatriya), 무역업자들, 상인들 그리고 기타 직업에 종사하는 사람들인 바이샤(Vaiśya) 그리고 경작자들, 노예들 등등의 슈드라(Śūdra)라는 단지 네 가지 카스트들이 있는 것으로 생각된다. 카스트제도가 인종적 기원을 갖는다는 주장은 카스트와 피부색 사이에 존재했던 것처럼 보이는 연계성에 의해 지지된다. 기원전 1000년 중엽의 인도 서사시인 마하바라따(Mahābhārata)에는 흥미있는(아마도 의미있는) 시구가 들어있다. 거기서 브리구(Bhṛigu)는 바라드와자(Bharadvāja)에게 카스트의 본질을 설명하는 가운데 다음과 같이 말한다. '브라흐마나 사제들은 하얗고, 끄샤뜨리야들은 붉은 빛이며, 바이샤들은 황갈색이고 슈드라들은 검다'(*Mahābhārata*, Śānti Parva 188, 5). 하지만 그렇게 이른 시기라 할지라도 인종들이 반드시 순수했던 것처럼 보이지는 않는다. 그래서 바다르와자가 대답했다. '만일 서로 다른 피부색이 서로 다른 카스트를 나타낸다면 모든 카스트들은 혼종 카스트들이다'(188. 6). 흥미롭게도 바라드와자는 그러한 구별에 불만을 느끼고 계속해서 묻는다. '우리 모두는 욕망, 분노, 두려움, 슬픔, 걱정, 배고픔 그리고 노동에 의해 영향 받을 것이다. 그렇다면 어떻게 카스트의 차이가 있겠는가?'(188. 7).

사회를 네 가지 카스트로 구분하는 것은 언제나 이론상이었을 가능성이 높다. 왜냐하면 가장 초기부터 보다 복잡한 카스트제도에 대한 언급들이 발견되기 때문이다. 이것은 또한 고대 인도와

된다는 사실을 기억하는 것이 중요하다.

같은 다인종 사회에서 인류학적으로 예상될 수 있는 것이다. 카스트제도는 인종적 요소 외에 경제적 요소로도 노동을 계급화 하고 계층을 계급화하는 표본이 되었다. 피부 색깔에 의한 카스트의 구별은 실제로 가장 초기의 문헌 속에서도 매우 드문 일이며 바다르와자가 지적했듯이 혼혈의 피부색들이 모든 카스트들 속에 나타났던 것으로 보인다. 하지만 카스트와 연관된 직업의 구분은 우리에게 사회적 직업으로서의 카스트의 역할이라는 점에서 더 나은 견해를 제공한다. 세습적인 카스트제도가 몇몇 인도 노동자 집단에서 나타난 장인의 기술을 지원했다는 사실 또한 여기서 인정되어야 한다. 왜냐하면 기술은 아버지에서 자식으로 이어지면서 (개선될 수) 있기 때문이다. 또한 그것이 제공한 제도와 보안의 안정성은 조직의 효율성을 위한 확고한 토대를 제공한다.

엄격한 입장에서 카스트 간의 결혼은 못마땅한 것이다. 다만 신랑이 신부보다 상위 카스트인 경우의 결혼인 아눌로마(anuloma)혼은 인정되기도 한다. 아눌로마혼에서 태어난 아이들은 간혹 어머니의 카스트에 속하는 경우가 있기는 하지만 기본적으로는 아버지의 카스트에 속했다. 어쨌든 카스트 간의 결혼이 정통 종교 지도자들이 좋아했던 것보다 훨씬 더 일상적이었다는 사실은 의심의 여지가 없다. 심지어 종교 문헌 속에서도 신부가 더 상위 카스트인 결혼을 의미하는 쁘라띨로마(pratiloma) 결혼에 대한 언급을 발견한다. 예를 들어 마하바라따(Ādi Parva)에 야야띠(Yayati)왕과 브라흐마나 계급인 데바야니(Devayāni)에 대한 이야기가 있다. 그녀는 그와 결혼하기를 원하지만 그는 '나는 끄샤뜨리야이고 당신은 브라흐마나입니다. 나는 당신과 결혼하기에 적합하지 않습니다'(81,18)라고 하며 그녀의 생각을 반대했다. 이 말로는 데바야니를 납득시키지 못했다. 그녀는 자신의 생각이 옳다는 것을 입증

하기 위하여 주장들을 내놓았다. 야야띠는 논의를 계속했지만 자신의 입장을 설득시키는데 실패하고 결국에는 그녀와 결혼하려는 생각을 받아들였다. 심지어 데바야니의 아버지인 브라흐마나 구루(guru)인 슈끄라짜르야(Śukrācārya)조차도 그 결혼에 동의한다(81. 31). 또한 힌두 문헌에는 쁘라띨로마 결혼에 대한 다른 예들도 존재한다.

힌두 문헌에서 가장 잘 알려져 있고 가장 존경받는 많은 캐릭터들이 카스트 간의 혼혈 출신이라는 사실은 주목할 만하다. 마하바라따의 유명한 현자 비두라(Vidura)는 슈드라 여인의 아들이었다. 바두라는 다르마(Dharma)의 화신으로 묘사된다(Ādi Parva, 63. 95). 다른 부분에서는 다르마가 비두라가 되었다고 주장한다(Āśrama Parva, 28. 21). 드리따라슈뜨라(Dhṛitarāshṭra)왕이 종교적 가르침을 원했을 때 그는 비두라에게 그것을 알려주도록 요청했다(Udyoga Parva, 33-41). 위대한 리쉬(ṛishi) 바쉬슈타(Vaśishṭha)는 매춘부에게서 태어났고, 브야사(Vyāsa)는 어부 여인에게서, 빠라샤라(Parāśara)는 짠달라(caṇḍāla)[2] 여인에게서 태어났다.

세습적인 카스트제도의 관념은 많은 힌두 문헌들에서 인정되지 않는다. 거기서 카스트는 출생에 의해서가 아니라 행위에 의해 결정되어야 한다고 제시된다.[3] 예를 들어 유디슈티라(Yudhisṭhira)는

2) 사람이나 동물의 시체를 처리하는 직업군의 계급으로서 인도의 최하층 카스트 혹은 불가촉민에 속한다.- 역자 주

3) 적어도 이론상으로 카스트가 태생만이 아닌 특성의 문제처럼 간주되었다는 사실은 찬도갸 우빠니샤드(Chāndogya Upanishad 4. 4)의 흥미로운 이야기에서 명백하게 나타난다. "자발라(Jabālā)라는 어머니의 아들인 사뜨야까마(Satyakāma)가 말했다. '어머니, 저는 브라흐마짜린(Brahmacārin:종교적인 학생)이 되고 싶습니다. 저는 어떤 가문에 속합니까?' 그녀의 어머니가 그에게 대답했다. '아이야, 나는 네가 어느 가문에 속하는지 알지 못한다. 어린 시절부터 나는 (나의 아버지 집에서 손님들을 기다리는) 하인으로 여기저

브라흐마나들을 그들의 행위(진실함, 용서, 친절함 등등)에 따라 정의하면서, 사람은 그가 브라흐마나 가문에서 태어났기 때문에 브라흐마나로 간주되어서는 안 되며 비록 그의 부모가 슈드라일지라도 그가 슈드라일 필요는 없다고 지적한다(*Mahābhārata*, Vana Parva 180). 이와 같은 견해가 힌두 문헌의 다양한 작품들에 표현되어 있다. 그러므로 우리가 알고 있는 것처럼 정통 힌두교도가 카스트 제도는 힌두이즘의 필수 요소라고 주장한다면 그는 인도 종교 문

기 돌아다녔을 때 너를 임신했다. 나는 네가 어떤 가문에 속하는지 알지 못한다. 나는 자발라라는 이름을 갖고 있고 너는 사뜨야까마이다. 그래서 너는 사뜨야까마 자발라라고 불린다.' 그는 가우따마 하리드루마따(Gautama Hāridrumata)에게 가서 말했다. '선생님, 저는 브라흐마짜린이 되고 싶습니다. 제가 당신께 가도 될까요?' 그가 그에게 말했다. '나의 친구여, 그대는 어떤 가문에 속하는가?' 그가 대답했다. '선생님, 저는 제가 어떤 가문에 속하는지 알지 못합니다. 제가 어머니께 여쭤 보았더니 다음과 같이 말했습니다. 「어려서 하인으로 여기저기 돌아다닐 때 너를 임신했다. 나는 네가 어느 가문에 속하는지 알지 못한다. 나는 자발라는 이름을 갖고 있고 너는 사뜨야까마이다」. 그렇기 때문에 저는 사뜨야까마 자발라입니다, 선생님.' 그러자 그가 말했다. '참된 브라흐민이 아니면 어느 누구도 그와 같이 말할 수 없다. 친구여, 가서 불을 피울 연료를 가져오너라. 나는 그대를 입문시킬 것이다. 그대는 진리로부터 벗어나지 않았다'(Max Muller의 *Hindu Scripture*의 영어번역, Everyman`s Library, 1938, 148-9쪽).

고대 인도에서 카스트로서의 브라흐마나들이 어느 정도 그들의 이상에 부응할 수 있었다는 사실은 다양한 외국인 여행가들의 보고에서 확인된다. 심지어 후대의 13세기 이탈리아 여행가 마르코 폴로(Marco Polo)는 다음과 같이 목격했다. '나는 이 브라흐마나들이 세상에서 가장 뛰어난 상인들이며 가장 믿을만한 사람들 속에 있다고 그대에게 확언한다. 그들은 세상에서 어떤 것도 거짓말하지 않고 진실이 아닌 것은 말하지 않는다. … 그들은 육류를 먹지 않고 술도 마시지 않는다. 그들은 그들의 관습에 따라 매우 고결한 삶을 산다. 그들은 자신들의 부인들 외에는 성행위를 하지 않는다. 그들은 다른 사람에게 속한 것을 취하지 않는다. 그들은 살아있는 생명체를 절대로 죽이지 않으며 죄가 된다고 믿는 어떠한 행위도 하지 않는다(*The Travels of Marco Polo*, R. E. Latham번역. Penguin Books, 1958, 250-1쪽). 13세기에 모든 브라흐마나들이 마르코 폴로가 말한 것처럼 고결했는지에 대해서는 의심의 여지가 있다. 하지만 이들의 행위 규범은 브라흐마나들이 어떻게 행위 했는지 그리고 적어도 선한 부분이 계승되고 있었음이 틀림없다는 사실을 반영한다.

헌들의 상당한 부분을 무시하는 것이다.

반카스트 운동들은 인도 역사에서 다양한 단계로 관찰될 수 있다. 지식을 의미하는 갸나(jñāna)의 길을 강조하는 사상학파들은 대체로 카스트의 지지자들인 경향이 있다. 왜냐하면 그것은 본질상 상위 계급들에게 한정된 길이기 때문이다. 하지만 헌신을 의미하는 박띠(bhakti)의 길을 따르는 사람들은 이 문제에서 매우 진보적이다. 12세기 라마누자(Rāmānuja)가 '바이슈나바(Vaishṇava)들의 베다'라고 비유했던 작품을 남긴, 남인도의 알바르(Ālvār, 6-8세기) 시인들은 매우 낮은 카스트 출신이다. 박띠학파의 대부분의 지도자들은 나라 전역을 돌아다니며 카스트제도에 반대했다. 이 점은 우리가 다음 장에서 이들 운동을 다룰 때 설명할 것이다. 카스트제도를, 역사상 특정한 시기에 특정한 사회적 합의 이상의 어떤 것으로 다루는 것에 반대하는 가장 뛰어난 주장은 오래된 브하비샤 뿌라나(Bhavishya Purāṇa)에 제시되었다. "네 카스트 모두의 구성원들이 신의 아이들이기 때문에 그들 모두는 같은 카스트에 속한다. 모든 인간은 같은 아버지를 갖고 있고, 같은 아버지의 아이들이 서로 다른 카스트를 가질 수 없다(*Bhavishya Purāṇa*, Brāhma Parva, 41. 45).

제5장 관습과 축제

힌두이즘은 많은 문화들의 산물이다. 이것을 인도의 사회적 관습과 축제들의 양식에서 보다 더 명백하게 알 수 있는 것은 어디에도 없다. 베다 아리아인의 희생제들부터 원시 부족들의 애니미즘 의식들에 이르기까지 모든 종류의 종교 행위가 인도의 관습 자체로 관찰될 수 있다. 이들 관습들의 대부분의 의미는 지난 2천년에서 3천년동안 광범위하게 변화되어 그들 가운데 많은 것들이 현재는 순전히 상징적인 것이 되었다. 그럼에도 불구하고 이것이 인도인들의 삶의 중요한 부분을 차지하기 때문에 이 관습들을 연구해야 할 필요가 있다.

이 거대한 나라의 지역들과 사회들이 서로 다르기 때문에 모든 인도 종교 의식들의 완벽한 목록을 제공하기는 힘들다. 하지만 이 의식들은 빈도와 목적에 따라 일군의 그룹으로 분류될 수 있다. 쁘라따흐끄리띠야(prātahkṛitya)와 산댜(sandhyā)와 같은 것은 매일 거행된다. 이러한 명상들, 기도들, 의례들은 상위 카스트의 힌두가 매일 완수해야 하는 것으로 간주되는 종교 의무들이다. 이들 대부분은 집에서 거행되었다. 어떤 인도인들은 예배의 목적을 위하여 집에서 신성한 장소에 신상들 또는 추상적인 상징들을 배치한다. 대부분의 힌두교 사원, 즉 만디라(Mandira)에서는 특별한 경우에 거행하는 특별한 의식과는 별도로 매일매일 수행되는 의식이 거행된다. 이들은 기도, 봉사 그리고 다양한 종류의 의례들을 포함한다. 어떤 힌두교도들은 매일 만디라에 가고, 어떤 이들은 덜 가기도 하며 또 다른 이들은 전혀 가지 않기도 한다. 힌두이즘은 최상의 존재에 도달하는 다양한 방법의 존재를 인정하기 때문에 특별한 의식의 수행이 모든 사람들에게 강제적인 것은 아니다.

어떤 힌두교도들은 한 주의 특별한 날에 금식을 하는 등 매주의 종교 의식을 실천한다. 기도와 속죄 같은 것은 음력으로 보름과 초하루에 실행된다. 다른 의식들은 실행자의 바람에 따라 행해지는, 비정기적인 것이라고 표현하는 것이 적합할 것이다. 브라따(vrata: 서약)들이 이에 대한 좋은 예를 제공한다. 그것들은 경전적 근거가 적고 주로 여성들에 의해 실행되었으며 보통 가족 또는 공동체의 행복을 위하는 경향이 강하다.[1]

1) 이것은 힌두이즘 가치들 속에서 여성들의 위치를 축소하기 위한 경우를 제공한다. 이 문제는 극단적으로 복잡하게 보인다. 한편으로 리그베다에서는 부인에게 최고 자리에서 통치할 것을 요청했고(Maṇḍala X, 찬가 85, 시 26과 46) 마하바라따에서는 그들을 숭배하기에 적합하다고 생각한다(Udyoga Parva, 38.11). 다른 한편에서 인도의 입법자들은 여성의 권리들을 놀랄만큼 역전시켜 다룬다. 재산권은 전적으로 여성들에게 매우 불리하다. 그러나 만일 여성이 사회에서 불행하다면 어느 면에서도 성공적일 수 없다고도 주장한다.(*Mahābhārata*, Anuśāsana Parva, 46). 일부다처제가 허용되고(인도 독립 이후 현재는 변화되었다) 일처다부제는 절대 인정되지 않았지만 드라우빠디(Draupadi)는 모든 빤디뜨(pandit)들의 승인 아래 다섯 명의 빤두의 아들들 모두와 결혼한다(*Mahābhārata*, Adi Parva). 여성들은 가정의 일을 지

사비뜨리 브라따(Sāvitrī Vrata)는 남편의 행복을 위한 것이고, 샤슈티 브라따(Shashṭhi Vrata)는 아이들의 행복을 위한 것이고 마가만달라 브라따(Māghamaṇḍala Vrata)는 겨울철 햇볕을 위한 것이고 빠우샤 브라따(Pausha Vrata)는 좋은 수확을 위한 것 등등이다.

연례적인 축제들은 종교 행위에 커다란 기회를 제공한다. 이들 가운데 어떤 것은 힌두이즘 다신교에서 특별한 신들과 여신들에 대한 예배와 연관된다. 거기에는 예를 들어 락쉬미(Lakshmī; 부와 미의 여신), 사라스와띠(Sarasvatī; 학문의 여신), 까룻띠께야(Kārttikeya; 용기의 신), 가네샤(Gaṇeśa; 지혜와 성공의 신), 데비(Devī; Kālī, Durgā 형태의 세상의 어머니) 그리고 마나사(Manasā; 뱀의 여신) 등등이 있다. 그들 중 어떤 것은 신의 화신 끄리슈나(Kṛishṇa)의 탄생, 또는 락샤사(Rākshasa; 악마)들의 왕인 라바나(Rāvaṇa)에 대한 신의 화신 라마(Rāma)의 승리들과 같은 신화적 사건들을 기념한다. 다른 것들은 친구들 또는 친지들의 안녕을 위해 신에게 기도하는 경

키는 것으로 간주되지만 아르주나(Arujuna)의 부인 찌뜨랑가다(Citrāṅgadā)는 영웅적인 투사로 묘사되며 비슷한 다른 예들이 존재한다(예를 들어 *Mahābhārata*, Sabha Parva, 14.51를 보라). 후대의 입법가들은 오직 남성들만이 높은 교육을 받을 권리가 있다고 제의하지만 우빠니샤드(Upanishad)에서는 많은 경우에 여성들이 가장 복잡한 주제들에 대한 토론을 이끄는 역할을 하는 것에 대해 이야기 한다. 실제로 가르기 바짜끄나비(Gārgī Vācaknavī)는 야갸발꺄(Yājñavalkya)에게 두 가지 문제를 제의하며 거기에 참여한 브라흐마나 빤디뜨들을 보고 '만일 그가 (나의 물음인) 그것들에 대해 대답하면 내가 생각할 때 당신들 가운데 어느 누구도 브라흐만에 관한 논의로 그를 이길 수 없을 것이다'라고 말한다(*Bṛihadāraṇyaka Upanishad*, III.8). 그때 그녀는 분명히 교육에 대한 남성의 독점에 관한 어떠한 인식도 드러내지 않는다. 여성들의 지위는 중세시대에 굉장히 나빠졌다. 그 시기 여성들의 지위는 순전히 가정적인 행위로 전반적인 후퇴를 하면서 사회적 지위에서 주목할 만큼 하락했다. 이것은 어느 정도까지가 무슬림 율법과 중동의 관습들의 영향에서 비롯된 것인지 또 어느 정도가 내부 요인에 의한 산물인지 말하기 어렵다.

우들이다. 예를 들어 브라뜨리드위띠야(Bhrātridvitīyā)[2]에서는 자매들이 남자 형제들의 이마에 산달나무로 된 표식들을 해주면서 그들이 죽음으로부터 안전하기를 기원한다. 또 다른 축제들은 공동체의 경제적인 삶과 연관된다. 나반나(Navānna)는 추수감사절 축제이다. 수공업자들은 제단에 연장과 기구들을 놓아두고 비슈와까르마 뿌자(Viśvakarmā Pūjā: 우주의 위대한 건축가에 대한 예배)를 거행한다. 마지막으로 계절과 연관된 연례 축제들이 있다. 이 가운데 가장 활발한 것이 봄맞이 축제인 홀리(Holi)이다. 그때 사람들은 물감 파우더와 물감을 탄 물을 서로에게 뿌린다.

몇몇 종교 의식들은 삶의 단계들과 연관된다. 나마까라나(nāmakaraṇa)는 어린아이에게 이름을 부여하는 의식이고 안나쁘라샤나(annaprāśana)는 젖을 떼는 의식이며 우빠나야나(upanayana)는 상위 카스트 소년이 자신의 카스트에 속한 권리들과 의무들을 소개받고 새로운 탄생(여기서 두 번 태어남이라는 용어[3]가 주어진다) 의 상징으로 신성한 실이 주어지는 의식이다. 비바하(vivāha)는 결혼 의식이며 슈랏다(śrāddha, śraddha; 존경)는 장례식이다. 종교 의식들은 이와 같이 삶의 모든 단계들에서 거행된다.

특정한 천문학적 배열들은 종교적 의미가 있는 것으로 간주되었다. 그러한 날에 사람들은 자주 사원들에 모이거나 성지 가까이 있거나 아니면 목욕을 하기 위해 강의 순례 장소에 모였다. 또한 때때로 만나는 이 성지순례는 가축 구경 또는 농산물 판매와 같은 경제적 활동들을 위한 기회를 제공한다. 이들 모임 가운데

2) 인도력 까르띠까(Kartika, 10-11월)달의 둘째 날, 죽음의 신 야마와 그의 여동생 야무나에게 올리는 의식. 여자형제들이 남자형제들의 영생과 번영을 기원하는 행사이다.- 역자 주

3) 드비자(dvija)라는 말로 보통 재생족(再生族)이라고 번역된다. 슈드라를 제외한 세 계급을 일컫는다.- 역자 주

가장 잘 알려진 것이 12년마다 한 번씩 열리는 꿈바(Kumbha)[4]이다. 이때는 인도의 다양한 곳에서 온 사람들이 네 장소에 모인다. 그 가운데 가장 유명한 곳이 알라하바드(Allahabad)와 하리드와르(Haridwar)이다.

이상의 목록은 힌두교 의식들의 전형을 알 수 있는 아이디어를 제공할 수 있다. 하지만 그것은 그들의 엄청난 수에 대한 아이디어를 주지는 않는다. 만일 힌두교도가 이것들을 모두를 실행해야 한다면 그는 삶에서 다른 일을 할 수 있는 시간이 없을 것이다. 다행스럽게도 모든 힌두교도들은 그것들 가운데 자신이 원하는 몇 가지만 실행한다. 바울(Bāul)들과 같은 힌두교도들은 아무 것도 실행하지 않는다.[5] 이러한 의식들의 실행은 문화적 배경, 사회적 지위, 카스트, 성별, 나이 그리고 종파에 따라 달라진다. 이러한 다양성과 자유에 대한 이유는 다음 장에서 논의될 것이다.

이 장을 마치기 전에, 혹시 있을 오해를 피하기 위하여 이 관습들과 관행들에 관해 두 가지 면을 강조하고 싶다. 첫째는 힌두교 철학에서는 모든 것을 포용하고 모든 곳에 편재하는 전능한 신에 대한 믿음과 다양한 남신들과 여신들에 대한 뿌자(Pūjā; 예배) 사이에 모순이 없다는 사실을 기억해야만 한다. 종교 의식들에서 신상

4) 꿈바 멜라(Kumbha Mela)라고 불리며 12년에 한번씩 4개의 장소를 돌아가며 축제가 열린다. 그 장소들은 인도에서 신성시되는 강 주변에 있는 곳으로서 갠지스강에 있는 하리드와르, 쉬쁘라(Shipra)강에 있는 웃자인(Ujjain), 고다와리(Godavari)강에 있는 나쉭(Nashik), 그리고 야무나강(사라스바띠강)에 있는 알라하바드이다.- 역자 주

5) 바울은 뱅갈지역에서 발생한 신비적 음유시인들의 집단이다. 그들은 혼합종파와 음악적 전통 양자를 구비하고 있다. 그들은 다양한 종파를 가진 이교적인 집단이지만 구성원들이 주로 힌두교의 비슈누파와 무슬림의 수피로 구성된다. 그들은 독특한 복장과 악기들을 갖고 있으나 그 기원에 대해서는 알려져 있지 않다. 그럼에도 불구하고 바울의 음악은 라빈드라나트 타고르의 시와 음악에 커다란 영향을 주었다. - 역자 주

들은 헌신을 집중하는 데 도움이 될 수 있지만 이론적으로 그것들은 모든 곳에 편재하는 유일신의 무한한 면들에 대한 상상력에 의한 그림들을 대표할 뿐이다. 이와 관련하여 17세기 프랑스 여행가 프랑수아 베르니에(Francois Bernier)와 바라나시의 힌두교 빤디뜨(pandit; 종교적 스승)들 사이에 오간 대화가 이러한 의식들의 핵심을 파악하는 데 도움이 될 것이므로 3백년이 넘었지만 인용할 만하다. 힌두이즘의 대중적인 제식과 신상 숭배에 충격을 받은 베르니에는 어떻게 그것들이 용인될 수 있는지에 대해 빤디뜨들에게 물었다. 빤디뜨들은 다음과 같이 답했다.

> 우리는 실제로 사원들 안에 많은 다양한 신상들을 모시고 있습니다.…우리는 신상들 앞에 엎드려 많은 의식과 꽃들, 쌀, 향기나는 오일, 샤프론 그리고 다른 유사한 물품들을 가지고 이 모든 신상들에게 커다란 공경을 바칩니다. 그러나 우리는 이 신상들 자체가 브라흐마(Brahmā) 또는 비슈누(Vishṃu)가 아니라 단지 그들의 이미지들이고 표현들일 뿐이라고 믿습니다. 우리는 그들이 대표하는 신성을 위하여 그들에게 존경을 표합니다. 우리가 기도할 때 그것은 신상이 아니라 그 신성에게 하는 것입니다. 기도는 눈앞에 있는 어떤 것에 마음을 고정시킬 때 보다 커다란 헌신을 가지고 제공된다고 생각하기 때문에 우리 사원들에는 신상들이 허용됩니다. 그러나 실제로 우리는 신만이 절대적이며 오직 그만이 전능한 신이라는 사실을 인정합니다.[6]

이 설명은 베르니에를 설득시키지 못했다. 그러나 그것은 실제

6) Milford Humphrey, *Travels in the Mogul Empire-A.D. 1656-68*. Oxford University Press, 1914, 342쪽.

로 힌두교 철학과 매우 긴밀하게 연관된다.

두 번째로 우리는 힌두교의 철학적 배경 없이는 의례들의 의미가 크게 중요하지 않기 때문에 이러한 의식들의 의미가 오직 상상력으로만 이해될 수 있다는 사실을 강조해야 한다. 이것은 아마도 왜 외국에서 온 많은 사람들이 인도에서 많은 세월을 보낸 후에도 이 의식들이 대부분 무엇인지 거의 알지 못한다고 하는 이유를 설명할 수 있다. 예를 들어 다음과 같이 추정하는 것이 매우 소박할 수 있다. 사라스와띠 뿌자(Sarasvatī Pūjā; 학문의 여신에 대한 예배)에 참여하고 있는 힌두교도는 흰 백조를 타고 손에는 비나(vīṇā; 악기)를 들고 있으며 지식과 예술들을 돌보는 아름다운 젊은 여인(그녀의 신상으로 가장 대중적인 모습이다)이 천상에 있다고 믿는다. 힌두교 문화에서 매우 대중적인 추상적 개념들의 인격화를 이해하기 위해서는 이것보다 더한 상상력을 요구할 수 있다. 그것은 마치 소위 14세기 산스끄리뜨 시인 깔리다사(Kālidāsa)의 메가두따(Meghadūta; 구름 메신저)라는 시를 이해하기 위해서 상상력이 필요한 것과 마찬가지이다. 그 시에서는 유배 중인 연인이 구름에게, 사랑하는 이에게 절실하게 그리워하는 자신의 메시지를 전해달라고 부탁하고, 구름이 어디로 가야하는지 그리고 도중에 무엇을 볼 수 있는지를 말해준다. 힌두교의 종교적 관행의 대부분이 상상력에 호소하며 이샤 우빠니샤드(Īśa Upanishad. 8)에서는 신조차 까비(kavi)라 불리는 성자로 묘사되는데 이 말은 후에 시인을 뜻하게 된다.

제6장 단일성과 자유

힌두이즘은 신의 전지함과 전능함뿐만 아니라 편재함 역시 인정한다. 그는 둘 아닌 하나(ekamevādvitīyam)이고 바가바드기따의 말로는 '모든 존재들의 가슴 속에 거주한다'(18장 61). 무한한 일자에게로 가는 길의 수는 당연히 무한하다. 힌두이즘이 거대한 다양성을 제공한다는 사실은 어느 한 길만이 완전한 것이 아니라 각각이 그 자체로 타당하다는, '많은 길들'에 대한 이러한 인정에서 비롯된 것이다. 힌두이즘의 서로 다른 학파의 종교적인 믿음들이 다르고 그들의 종교적 실행 또한 다르다. 거기에는 일원론(monism), 이원론(dualism), 단일신교(monotheism), 다신교(polytheism), 범신론(pantheism)이 존재하며 실제로 힌두이즘은 모든 종류의 종교적 실험의 거대한 저장고이다.[1]

1) '인도 종교는 언제나 친절하고 흡수력이 있으며 혼합적이었다. 이 때문에 있는 그대로의 힌두이즘 안에는 믿음과 수행의 다양함에 대해 거의 믿을 수 없

베다(Veda)는 뿌루샤(purusha; 정신, 영혼)와 쁘라끄리띠(prakṛiti; 물질) 사이의 역설을 인정하지 않지만 상캬(Sāṃkhya)철학의 핵심을 제공하는 것이 바로 이것이다.[2] 상캬는 인격신의 관념을 거부하지만 박띠운동은 주로 인간으로 간주되는 신에 대한 헌신을 그들 종교의 기본으로 삼는다. 이들 양자에 비해 샹까라(Śaṃkara)와 불이론(Advaita) 학파[3]는 신 이외에 다른 것이 존재한다는 관념을 거부한다. 우주는 그의 구체화이다. 오직 그만이 실재한다. 세상은 마야(māyā)이다. 라마야나(Rāmāyaṇa)와 (바가바드기따를 포함한) 마하바라따(Mahābhārata)는 신은 (라마, 끄리슈나 또는 붓다처럼) 인간으로 화현(avatāra)할 수 있다는 관념을 받아들인다. 이러한 관념은 우빠니샤드에서는 존재하지 않으며 베다는 그것을 거부했을 수 있다. 그러나 다른 한편 바울(Bāul)들은 다음과 같이 노래한다. "모든 창조물을 지켜보면서 우리는 각각에서 그의 화현을 발견한다." 힌두교 사상의 대부분의 학파들은 절대자인 브라흐만이 모든 곳에 편재한다는 우빠니샤드적 관념을 인정하지만 종교적인 믿음의

을 정도의 포용이 있다. 힌두이즘의 사회구조 안에는 인격적 신성에 대해 믿지 않는 철학적 신비주의자들이 발견될 수 있다; 또 (마을의 母神 또는 숲의 정령처럼) 토속 신들에게 주로 관심을 갖는 소박한 정령 신앙자들부터 그리스, 로마, 이집트 유물들의 연구자들에게 친숙한 형태의 다신교주의자들까지 포함하는 다원주의자들도 있다. 그리고 이 두 극단들 사이에 있는, 특히 기독교인들에 의해 사용된 것들과 유사한 용어들로 인정된 단일한 인격신에게 헌신을 바치는 열렬한 단일신교주의자들도 발견된다.'(A. C. Bouquet, in 'Hinduism', *Chamber's Encyclopaedia*, 1950, 98쪽).

2) 상캬 학파에서는 뿌루샤(정신원리)와 쁘라끄리띠(물질원리)라는 궁극적인 두 원리를 인정하는 이원론을 주장한다. 그들에 따르면 뿌루샤는 철저히 관조자일 뿐이고 이 세계는 쁘라끄리띠의 산물이다. 따라서 세계의 창조와 유지에 있어 신의 역할은 인정되지 않는다. 제15장 참조 - 역자 주

3) 베단따(Vedanta)학파의 일파로 브라흐만을 궁극적인 유일한 원리로 인정하는 일원론을 주장하였다. 그들에 따르면 실재로 존재하는 것은 브라흐만 뿐이고 이 세계는 마야(māyā)라고 불리는 환영 혹은 가탁(假託)에 불과하다. 제15장 참조 - 역자 주

세부적인 부분들은 실제로 매우 광범위하게 다르다. 그러므로 힌두이즘의 단일성을 제공하는 것은 교리적 합의가 아니다.

다르마(dharma)와 종교가 같지 않고 힌두이즘이 실제로는 단어의 제한된 의미에서 종교라기보다는 다르마라는 사실은 앞에서 이미 언급했다. 니베디따(Nivedita, Magrgaret Noble) 수녀는 '문명(civilization)이라는 단어는 우리의 단어 다르마 즉 "국가의 정의"와 동일하다'[4]고 썼다. '이 인내, 이 착실함, 이 성실함이 다르마 - 실체이고 인간과 사물의 자기정체성이다'(51쪽). 그렇기 때문에 다르마는 인간들의 믿음보다 그들의 본질과 행위와 더 관련이 있다. 그것은 이것이 행위에 영향을 미치는 경우를 제외하고는 반드시 어떤 교리적 합의를 의미할 필요는 없다. 라다끄리슈난(Radhakrishnan) 교수의 말을 인용하면 '그것은 사상의 세계에는 절대적 자유를 주지만 (삶에 있어서는) 엄격한 실천규범을 명한다. 유신론자와 무신론자, 회의론자와 불가지론자들 모두 만일 그들이 문화와 삶에서 힌두이즘 체계를 인정한다면 힌두교인이 될 수 있다... 중요한 것은 믿음이 아니라 행위이다.'[5] 물론 신과 결합하려는 어떠한 시도들이 힌두교의 행위 부분으로 고려 되어야 하지 않는가라는 물음에 대해서는 열려있다. 그러나 그렇기 때문에 아마도 무신론자가 만일 다른 방식으로 힌두교의 삶의 방식을 따른다면 힌두교도로 간주될 수 있는가에 대해서는 논란의 여지가 있을 수 있다. 하지만 힌두이즘이 기본적으로 믿음보다 행위의 문제라는 사실은 의심의 여지가 없을 것이다.

사회적 지침들은 로까짜라(lokācāra: 사회적 규범에 따른 행위)들이거나 또는 샤스뜨라짜라(śāstrācāra:경전의 규범에 따른 행위)들일 것

4) *Religion and Dharma*. London, 1915, 51쪽.
5) *The Hindu View of Life*, London, 1927 초판, 1931, 77쪽과 38쪽.

이다. 전자는 필수적으로 경전(śāstrā)들의 명령 없이 사회적으로 용인된 행동(loka-사람들, ācāra- 행동)을 가리키는 반면 후자는 경전에 명령된 행위 규범을 가리킨다.

샤스뜨라짜라와 로까짜라들 가운데 몇 가지는 (정직함, 이타적인 일, 친절함, 사랑 등등과 같은) 일반적인 행위 규범뿐만 아니라 행위의 세부적인 형식, 때로는 구체적인 실행과 의례들까지 고려한다. 그러나 샤스뜨라짜라와 로까짜라들 모두 궁극적으로 외적(bāhya)인 것으로 생각되며, 누군가 자신의 기질이 그 구체적인 실행과 갈등을 일으킨다고 느끼는 사람은 그 규범들에 얽매일 필요가 없다. 그러므로 바울(Bāul)들과 일련의 특정한 박띠 학파들은 가끔 기본적인 힌두교 이념들을 부정하지 않으면서 이들의 실행에 대해서는 거부를 표시한다. 때때로 종교적 스승들인 구루(guru)들은 제자들에게 어떤 관습적인 의례들을 실행하지 말 것을 권했다. 하지만 이것이 힌두교의 이념들과 사회적 행위 규범의 원칙에 위배되지 않았기에 그들을 덜 힌두적인 사람으로 만들지 않았다. 실제로 힌두이즘 속에서 발견되는 종교적 믿음들과 의례들의 수많은 다양성 사이에서 통일적인 요소는 사심 없는 행위, 무심함, 정직함, 사랑- 끄리슈나의 말을 빌리면 '모든 태어난 존재들을 미워하지 않음, 친절함 그리고 측은하게 여김, 내 것 또는 나라는 생각이 없음, 고통과 쾌락을 평등하게 대함, 인내심(Bhagavad-Gītā, 12장 13절)'을 포함한 기본적인 행위규범에 대한 믿음이었다. 여기에 가장 적합한 것으로 발견되는 길이 무엇이든 신에게 보다 가까이 다가가려는 욕망이 첨가될 수 있을 것이다.

종교적 예배가 연관되는 한 힌두이즘은 매우 자유롭다. 행위(karma)를 통해 또는 명상이나 지식(jñāna) 또는 단순하게 헌신(bhakti)을 통해서 신에게 가려고 노력할 수도 있다. 모두가 동등하게 타당하다. 종교적 실행들의 상세한 부분들은 마치 종교적 가설들의 세부적인 내용들이 그런 것처럼 사람마다 다를 수 있다. 힌두이즘은 신에게 도달하는 독점적인 방법의 존재를 부정하기 때문에 이것은 그냥 자연스러운 결과이다. 오래된 마힘나-스또뜨라(Mahimna-Stotra)가 제시하고 있는 것처럼 '신이여, 베다, 상캬, 요가(Yoga), 빠슈빠따(Pāśupata), 바이슈나바(Vaishṇava)의 이 모든 길들은 마지막에 바다로 흘러들어가는 구불구불한 강처럼 오직 당신께로만 인도합니다.'[6] 실제로 만일 그것이 일자라면 이것은 힌두이즘의 메시지이다. 그는 무한하고, 전지하며, 전능하고, 편재하지만 서로 다른 사람들에게 서로 다르게 나타날 수도 있다. 그에게 도달하는 데는 다양한 길들이 존재하며 각각은 다른 것들만큼 타당하다. 신에 대한 현저한 갈등을 드러내는 관점들은 같은 절대자의 무한한 면들 외에 다른 것이 아닐 수 있다. 힌두이즘 역시 형이상학적 이론의 차이가 기본적인 행위 규범의 발전을 방해할 필요는 없다는 사실을 지적한다. 인간에게 중요한 것은 그의 다르마이지 그의 종교일 필요는 없다.

6) 바가바드기따에서 끄리슈나 형태의 신이 다음과 같이 말한다: '어찌해서든 인간들은 나에게로 온다. 그래도 나는 그들을 환영한다. 왜냐하면 인간들이 모든 곳에서 선택한 길들이 나의 것이기 때문이다'(4장 11절).

2부

힌두이즘의 역사적 전개

제7장 인더스 문명

종교는 최근 시대의 산물이 아니다. 그 기원은 역사적 탐구의 진전에 따라 희미해지는 것 같다. 비록 불가능하지 않다 하더라도 인도에서 힌두이즘의 기원과 발전을 찾아내는 것은 어렵다. 베다와 베다종교는 일반적으로 힌두이즘과 인도 문명의 기반으로 간주되지만 이 문헌들은 그 이전 시대의 서로 다른 문화들과 가치체계들에 대한 언급을 포함하고 있다. 오랫동안 비베다적인 것(non-Vedic) 또는 반베다적인 것(anti-Vedic)에 관한 자료들을 찾았던 것도 베다 자체에서였다. 하지만 최근에 알려진 흥미로운 고고학적 발견은 우리에게 베다 이전의 문화에 대한 방대한 정보를 제공했다.

1917년 인도 고고학자들은 신드(Sind) 지역의 라르까나(Larkana) 언덕에 있는 모헨조다로(Mohenjodaro; 죽은 자의 언덕)라고 불리는 장소에서 고대의 칼을 우연히 발견했다. 1922년에 수행된 발굴에서 가벼운 돌로 된 인장들이 출토되었으며 그것은 다른 편에 있는 하랍빠(Harappa)에서 발견된 것과 동일했다.[1] 한걸음 더 나아간 발굴에서 적어도 기원전 2500년경으로 추정되는 도시들에서 계획된 공동 생활의 명백한 증거들이 드러났다. 일련의 다른 지역들 역시 이 베다 이전의 문화를 공유하면서 자리 잡고 있었다. 이들은 인더스 문명(Indus Valley Civilization)으로 불리게 되었다.

인더스강 유역의 사람들은 금, 은, 구리, 주석, 납 그리고 청동과 같은 금속과 광물들의 용법을 알고 있었다. 하지만 철은 비록 베다에서 그에 대한 많은 언급이 있을 지라도 부재했다. 식품들 가운데는 밀, 보리, 과일들, 육류 그리고 생선이 발견되었다. 목화를 재배하여 직물을 짜거나 염색했다. 문화는 주로 도시 중심이었고, 잘 계획된 많은 도로들과 훌륭한 배수시설은 어떤 형태의 효율적인 지방 자치 체제가 있었음을 반영한다.

그 문명은 많은 예술 작품들을 남겨놓았다. 발견된 표의문자는 아직까지 해독되지 않고 있다. 그것은 고도로 숙련된 산업들과 강한 상인계급을 가지고 있었던 것으로 보인다. 그들이 어떤 인종에 속하는지에 대해서는 말하기 어렵지만 몇몇의 인종 형태들이 혼재했음을 나타낸다. 모든 가능성을 열어놓고 본다면 그것은 아리

---

1) 하랍빠의 유적들은 19세기에 물탄(Multan)과 라호르(Lahore)를 잇는 철도를 설계하고 건설하는 데 종사한 영국인 기사 윌리엄 브룬턴(William Brunton)에 의해 발견되었다. 하지만 브룬턴은 고고학적 지식이 없었기 때문에 그 유적들을 철길에 필요한 자재로 사용했다. 심지어 오늘날에도 기원전 3000년 전의 벽돌 조각들이 깔린 백마일의 철길을 열차들이 달리고 있다. 후에 북인도의 고고학 조사 담당관이었던 커닝햄 장군(General Cunningham)도 1856년 브룬턴이 벽돌들을 모아 놓았을 때 하랍빠를 방문했다. 커닝햄은 그 발견이 중요하다는 사실을 인지했지만 그것이 얼마나 가치있는 지를 모헨조다로의 유적들이 발견되기 전까지는 이해하지 못했다. 그에 대한 발굴 작업은 브룬턴의 발견 이후 대략 70년이 지나서 시작되었다.

아인 이전의 인도 문명(a pre-Aryan Indian civilization)이었으며 아마도 더 나은 군사장비와 많은 전쟁 경험을 가지고 있었던 아리아인의 침입에 의해 멸망했을 것으로 추측된다. 그렇지 않다면 다른 가능성으로는 극심한 홍수에 의해 파괴되었을 수도 있다.

공동체의 사원들은 극히 드물었던 것으로 보이지만 이 문명이 특별히 세속적인 것은 아니었다. 많은 인물의 형상들이 요가수행자(yogi)를 암시한다. 발견된 상들 가운데 어떤 것은 힌두교의 빠슈빠띠 쉬바(Paśupati Śiva)와 밀접한 연관이 있다. 나무, 동물의 형상 그리고 뱀에 대한 숭배가 주목할 만해 보인다. 우리가 현대 힌두이즘에 포함된 것으로 알고 있는 모신(Mother-goddess: Devī)과 어머니 형상의 정신적인 힘인 샥띠(Śakti)에 대한 숭배가 아마도 이 문화에서 비롯되었을 수 있다. 이것을 의미하는 것과 밀접한 연관이 있는 많은 진흙으로 된 여인들의 형상이 존재한다. 아마도 샤이바(Śaiva)와 샥띠 체계들의 기원이 이 시기에 있을 수 있으며 또한 오늘날 힌두이즘의 핵심적인 요소를 이루고 있는 요가와 명상의 방법들 역시 마찬가지이다. 인더스문명이 인도 종교에 끼친 공헌의 중요한 본질이 무엇이든 간에 그 고대의 시기에 베다와 베다 이전 문화 사이의 융합이 인도적인 토양에서 발생했다는 사실에는 의심의 여지가 없다.[2]

---

2) 인더스문명에 속하지 않는 아리아인 이전의 인도인들의 종교적 실행들에 대해 아는 것은 중요한 것이 아니다. 그러나 몇몇 힌두교 관습들(예를 들어 몇몇 종교 의식들에서 붉은 색(sindūra), 소라껍질(śaṅkha)들을 사용하는 것)은 이들로부터 비롯되었다. 우리는 뒤의 장들에서 다른 영향들을 논의할 것이다.

제8장 베다시대

이제부터는 여러모로 인도 문화의 성향에 결정적인 영향을 미친 베다시대에 대해 살펴보도록 한다. 물론 현대 생활의 요건들이 많은 인도 관습들을 변화시켰고 베다 시대 이후 베다에서 말하는 정교한 희생제(yajña)들은 점차 덜 중요하게 되었다. 실제로 자이나교와 불교와 같은 비베다학파들의 아힘사(ahiṃsā: 비폭력과 비혐오) 이론이 나중에는 더 존중받게 되었다. 오늘날 샥띠숭배, 박띠(헌신)를 통한 바이슈나바적 접근, 고행주의의 관념들, 포기 그리고 금욕과 같이 힌두이즘 속에서 발견되는 비베다적 개념들은 더 있다. 그럼에도 불구하고 힌두교인은 고집스럽게 그의 종교가 베다에 따르는 것으로 생각하고 베다를 신에 의해 계시된 문헌들의 전형으로 간주한다.

일반적으로 베다는 기도와 의례 형식의 모음들인 베다 상히따

(Vedic Saṃhitā)들을 의미한다.[1] 그들의 주된 주인공은 신들이고 그들의 숭배자들의 반복적인 발생 동기는 속죄이다. 이른바 행위의 길(karma vidhi)은 인간의 운명에 대한 영적인 지배자들을 달래는 길이다. 시간이 흘러 의례들이 발달하면서 그 의미를 오직 전문가들만이 알 수 있게 되었다. 지식(jñāna)과 헌신(bhakti)의 길들에 대한 후대의 탐구가 베다종교의 정교한 제식주의에 대한 불만족에서 시작되었을 수 있다. 지식과 명상을 강조하는 우빠니샤드와 사랑과 예찬을 강조하는 박띠 문헌의 탄생은 베다의 형식주의 체계에 대한 반발이었다. 이들의 발전에 대해서는 다음 장에서 논의할 것이다.

베다 아리아인들은 서로 다른 집단들로 나뉘어져 있지만 신들에 대한 공통적인 예배와 종교적 의무에 대한 명령으로 단결되었다. 그들의 관점에서 보면 인간의 삶은, 죽게 되거나 아니면 신들과 동일한 상태에 오르거나 모두 신의 손안에 있었다. 희생제의 정확한 거행은 지상에서는 풍요를 낳고 천상에서는 안락함을 보

---

1) 엄밀한 의미에서 베다(Veda: 지식)는 상히따(Śaṃhitā), 브라흐마나(Brāhmaṇa) 그리고 우빠니샤드(Upanishad)의 세 부분으로 구성된다. 어원적으로 모음, 묶음을 의미하는 상히따들은 신들의 찬양 속에 있는 찬가모음(Ṛigveda), 찬가들와 연관된 운률들의 모음(Śamaveda), 희생제 형식의 모음(Yajurveda), 마술적 형식의 모음(Atharvaveda)로 구성된다. 브라흐마나들은 사제들에 의해 실행된 희생제와 의례들 그리고 그들의 의미에 대한 글들을 다루는 산문형식의 문헌들이다. 우빠니샤드는 초월적 실재의 본질에 대한 논의들로 구성되며 힌두철학에서 커다란 중요성을 가진 문헌이다. 그것들에 대해서는 10장에서 논의된다.
일반적으로 우리가 알고 있는 베다는 상히따, 브라흐마나, 아란야까(āranyaka) 그리고 우빠니샤드의 네 부분으로 구성된 것으로 간주한다. 이 가운데 아란야까는 제의서인 브라흐마나 또는 철학서인 우빠니샤드와 절대적으로 구별되지 않는 부분이 있다. 다시말해서 일부는 브라흐마나의 제의적 성격을 다른 일부는 우빠니샤드의 철학적 특징을 드러낸다. 이 때문에 저자는 아란야까를 독립적으로 언급하지 않은 것 같다. - 역자 주

장한다는 것이 베다종교인의 이상이었다. 신과 천상세계들과 함께 인간에 대해 들을 수 있는 것은 오직 아타르바베다뿐이다. 이것은 왜 정통 베다종교가 항상 아타르바베다를 못마땅해 했는지에 대한 이유들 가운데 하나가 될 수 있다.[2] 그것은 희생제에 반대했던 아웃카스트(Vrātya)들의 기도들과 같이, 많은 비베다적 영향들에 대해 언급하고 있다.

베다는 리그(Ṛik), 야주(Yaju), 사마(Sāma) 그리고 아타르바(Atharva)의 네 가지가 있다. 이들 가운데 가장 오래되고 중요한 것은 리그베다(Ṛigveda: Ṛik+Veda)이다. 다른 여러 판본들 가운데 8 또는 10 책으로 나뉘어 있고 1028편의 찬가로 구성된 오직 하나만이 우리에게 전해진다. 아타르바베다는 중요도 순서에서 다음으로 언급될 수 있다. 그것은 많은 수의 주술적 형식들을 포함하고 명백하게 베다 이전 문화의 영향들을 담고 있다. 아타르바는 어원적으로 불의 사제(the Fire Priest)를 의미한다. 그것의 많은 시들이 리그베다에서도 발견된다. 어떤 만뜨라(mantra)들은 정신적 의미를 많이 내포한 것으로 보이지 않지만 시간이 흐르면서 전체 문집의 특징을 승격시켜 눈으로 보는 것보다 훨씬 더 많은 것이 있다고 느끼게 만드는 상당히 철학적인 표현들이라는 인상을 준다. 느리(nṛi: 인간), 마히(mahi: 흙, 대지), 스깜바(skambha: 우주의 기둥, 받침) 그리고 웃치슈따(ucchishṭa: 나머지, 조각) 찬가(sūkta)들이 그에 대한 예로 언급될 수 있을 것이다. 느리찬가에서는 존경의 대상이 신이 아니라 인간(nṛi)이다. 마히찬가에서는 천상보다는 오히려 대지에 대한 경배를 보여준다. 스깜바는 창조의 신비한 장엄

2) 아타르바베다는 세속적인 기복과 주술적인 주문을 주 내용으로 하기 때문에 처음에는 베다로 인정받지 못하다가 나중에 4베다의 마지막으로 편입되었다. - 역자 주

함을 말하고 웃치슈따는 남겨진 것(여분)에 대한 찬가이다.

사마는 많은 수의 리그베다 만뜨라들을 포함한다. 이 만뜨라들은 노래로 사용되고 거기에는 운율을 위한 설명이 있다. 야주르베다는 주로 희생제의 행위들을 다루고 있으며 두 부분으로 나뉜다. 대부분의 베다들은 오랫동안 구전으로 전해졌기 때문에 현재 그들 모두가 전해지는 것은 아니지만 다양한 판본(division)과 교정본(subdivision)들이 있다.

베다의 구성시기에 대한 견해는 다양하다. 현대 학자들은 대다수 인도인들이 지금까지 했던 것만큼 베다를 고대의 것으로 간주하지 않는다. 빈터니츠(Winternitz)는 베다가 기원전 2500년에서 기원전 700년에 걸친 시기에 속한 것으로 생각했다. 하지만 대부분의 학자들은 특정하게 그 기원을 기원전 2500년보다 늦은 시기로 제시했다. 기원전 1380년의 기록에서 미타니(Mitannian)의 왕 맛띠우아자(Mattiuaza)가 힌두교 신들인 미뜨라(Mitra), 바루나(Varuṇa) 그리고 인드라(Indra)에게 기원하는 것이 나타난다. 그러므로 베다의 뿌리는 확실히 적어도 기원전 2천년대 중엽까지 늘어난다.[3] 종교적인 마음을 가진 사람들은 가끔 그들의 신앙의 시기 또는 나이를 정하는 것에 거의 흥미를 느끼지 않는다는 사실을 지나가는 말로 언급할 수도 있다. 역사 이상으로 힌두교인을 흥미롭게 한 것은 계시 그 자체이다.

대부분의 베다 신들은 해, 달, 불, 하늘, 폭풍, 공기, 물, 새벽, 비 등등과 같이 자연으로부터 취해진다. 비와 천둥의 신인 인드라(Indra)는 다른 신들보다 더 중요하게 모셔졌던 것으로 보인다. 신들을 향한 찬가들은 시의 훌륭한 부분들을 포함하고 있다. 그것들은

3) Stuart Piggott, *Prehistoric India*, Penguin Books, 1950, 250쪽을 볼 것.

하늘과 공간을 신격화한 쁘라자빠띠(Prajāpati)와 바루나(Varuṇa)의 경우처럼 추상적 개념들을 포함하기도 한다. 바루나는 나중에 선과 악, 올바른 법의 신으로 변화되었고 쁘라자빠띠는 세상을 운영하는 힘인 모든 창조의 신이 되었다. 심지어 믿음까지도 신격화되었다. 밤과 숲에 대한 찬가는 이들의 여러 난해한 서술들에 첨부되어 있을 수 있는 정신적 의미 외에 물리적 우주의 아름다움에 대해 초일상적인 감성을 보여준다. 새벽의 신 우샤(Ushā)와 언어의 신 바끄(Vāk)에 대한 찬가는 시로서 경탄할만하다.

리쉬(Ṛishi)들은 미세하고 추상적인 것들의 중요함을 완전하게 자각했다. 아타르바베다는 생명과 시간에 대한 찬가를 포함하고 있다. 이와 유사한 추상성에 대한 의식은 보다 초기에 나타난 바끄에 대한 찬가에서 보여진다. 힌두교인들의 일상적인 예배의 부분을 형성하는 베다 만뜨라들 가운데 하나는 가야뜨리 만뜨라(gāyatrī mantra)이다(Ṛigveda, 3.62.10). 그것의 주된 테마는 '우리에게 지적 능력들을 불어넣는 세상의 창조자(the World-Creator)의 지식과 능력을 숙고하고 공경합니다'이다.

야갸(Yajña)는 희생제의 주된 방법이다. 제식의 실행은 희생제의 불을 중심으로 거행되고 공물들을 그 속에 던지는 것이다. 매우 드물게 공물들이 물속으로 던져지기도 했다. 공물들은 제주가 좋아하는 재료들로 되어있고 흔히 버터, 우유, 육류, 우유로 조리한 곡식들, 취기 있는 음료들 그리고 그와 유사한 다양한 품목들이 포함된다. 염소들이 자주 희생되었고 경우에 따라서는 말들이 희생되기도 했다.

야갸들의 목적에 대해서는 다양한 견해들이 존재한다. 첫째, 야갸들은 자신의 재산의 일부를 신들에게 제공함으로써 그들을 기쁘게 하는 방법들로 간주될 수 있다. 둘째, 야갸들은 신들에게 복종과 충성을 나타내기 위해 만든 공물 교환을 상징할 수 있다. 마지막으로 신들과 상관없이 희생제 자체가 포기를 실천하기 위한 방법으로 간주될 수 있다. 야갸들이 신들을 기쁘게 하는 방법으로 시작되었다는 사실과 그들의 의미가 후에 힌두교 철학의 포기와 다른 관념들과의 통합이 궁극적으로 달성되기 전까지 시간을 두고 변화했다는 사실은 거의 의심할 바가 없다.

쁘라자빠띠와 바루나를 중심으로 점차 일신교의 관념이 자라나기 시작했다. 베다는 다음과 같이 말한다. "(비록) 현자들이 많은 이름으로 그를 부를 지라도 그는 하나이다"(*Ṛigveda*, 21.164.46). 마하바라따는 모든 베다들이 하나이고 동일하다고 선언한다. 진실은 하나이다. 그것을 나누는 것은 우리의 무지이다. 절대자는 설계자일 뿐만 아니라 창조자이기도 하다. 그는 자기자신으로부터 창조한다.[4] 우주는 그의 기쁨으로 태어났다. 하나의 무한한 존재가 많은 이름들과 형상들로 자신을 투사하고 있다는 이러한 관념은 상히따(Samhitā)들 속에서 처음 언급된 이후 우빠니샤드에서 상세하게 만들어진다. 절대자는 그의 창조에 얽매이지 않는다. 왜냐하면 그의 본질은 자유롭기 때문이다. 세상은 그의 놀이(līlā)이자 그의 기쁨의 표현이다. 우리는 그것의 부분들이다. 브라흐만(Brahman: 절대자)과 아뜨만(Ātman: 자아)의 이러한 동일성은 우빠니샤드에서 모든 인류에 대한 메시지로서 '네가 바로 그것이다(Tat tvam asi)'라고 표현된다. 이 견해에 의하면 인간의 삶의 목적은 근원과의 합일이다. 비록 이 관념이 우빠니샤드에서 완성되었지만 그것을 처음 만나는 것은 베다 상히따들 속에서이다. 우리가 수세

4) 초일상적 감각의 찬가는 창조의 노래라고 불리는 것이다. 저자는 창조의 신비들에 대해 생각하고 문제의 심각함으로 경외심을 갖게 된다. 3부(A, 2)를 볼 것.

기를 내려다본다면 힌두이즘에서 주목할 만한 많은 것들의 근원으로 베다가 부각된다.

제9장 베다문화와 교육

베다가 오랫동안 글로 기록되지 않았기 때문에 그것들은 사제들과 스승들의 놀랄만한 기억들이라고 불린다. 이 때문에 고대에 스승(guru)에서 제자(śishya)에게로, 한 세대에서 다음 세대로 구두로 전해진 문헌이라는 의미의 빠람빠르야(pāramparya) 관습이 시작되었다. (역사, 전설들, 노래들, 음악 그리고 드라마와 같은) 부수적인 예술들은 희생제 제단 주위에 모여 처음 발전되었고 후에 지식인층의 전통 교육의 일부가 되었다. 이들 역시 따뽀바나(tapovana: 숲속의 학교)들이라고 불린 곳에서 구루들에게 배웠다. 이러한 교육센터들은 도시 생활의 방해에서 멀리 떨어져 있었던 것으로 추정되는, 숲속의 은둔자들의 은둔처에 세워졌다. 학생들은 구루 가족의 일원으로 살면서 학습을 하는 것 외에 농사와 다른 일들을 도왔다. 그리하여 따뽀바나들은 경제적으로 자급자족을 할 수 있었다. 학생들은 대부분 나중에 삶에서 성공한 후에 현물로 수업료를 지불하기도 했지만 아마도 돈으로 내지는 않았을 것이다. 그 사회는 아직까지 상업적이지 않았기 때문에 스승을 대하는 존경심 자체가 상당한 보상이었다. 지역의 왕들은 비록 그들의 통치가 많은 간섭을 받은 것처럼 보이지는 않았을지라도 자주 이 가르침들에 도움을 받았다. 학교들의 평판은 자연스럽게 스승들의 명성으로 변화되면서 특정한 스승에게 배우기 위해 학생들이 먼 거리를 여행한 많은 이야기들이 존재한다.

다양한 인종들의 뒤섞인 결과 베다 희생제 이외에 다른 의식들이 점차 공동체와 따뽀바나들의 생활에 들어왔다. 이들 가운데 하나는 조상들을 위해 만들어진 제사들이었다. 뿌라나(Purāṇa)들과 마하바라따를 통해 이러한 조상숭배가 후대의 변화이며 이 의식들을 주관하는 사제들은 정통적인 사제들에 의해 경시되었다는 사실을 알 수 있다. 비록 대부분의 힌두교 관행들이 후대에는 조상 숭배를 의식의 한 부분으로 포함할지라도 정통적인 입장에서는 그것이 원래 샤스뜨라(śāstra)들의 신성한 규칙 범위 안에 포함되지 않았다는 사실을 보여준다.

이러한 혼합에도 불구하고 산스끄리뜨(Sanskrit)로 말하는 사람들과 초기의 인도 선주민들은 서로 다른 사회적 관습들과 교육 제도들을 갖고 있었던 것으로 보인다. 베다 시대에 아리아인들 사이에는 카스트제도가 엄격하지 않았고, 아리아인들은 희생제에 참여할 권리를 부여받은 반면 초기의 선주민들은 대부분 제외되었다.

베다의 이상은 희생제와 공물들을 통해 그들의 바람인 천상의 기쁨에 도달하려는 가정생활자의 삶을 지지했다. 비베다적인 문화들은 아리아인들의 가치규범에서는 매우 생소한 목샤(moksha: 해탈), 묵띠(mukti: 해방), 또는 니르바나(nirvāṇa: 열반)로 인도하는 포기와 고행주의의 관념들로 힌두이즘에 기여했다. 아리아인들은 채식주의자가 아니었으며 '손님들을 위해 도축한 소들'은 아리아인들의 친구들 사이에서는 매우 칭찬할 만한 행위로 간주되었던 것으로 보인다. 불교와 자이나교에 기여했던 비폭력(ahiṃsā)에 대한 힌두교의 믿음은 명백하게 비베다적인 근원이다. 그와 같이 서로 다른 가치체계들을 가짐으로써 다양한 공동체들의 교육의 중심은 자연스럽게 달라졌다.

아리아인들의 교육 센터의 시작은 희생제의 현장이었다. 역사, 전설, 음악, 드라마는 신성한 무대 주위에서 이야기되고 노래되며 상연되었을 것이다. 또한 (요정 Urvaśī의 경우처럼) 사랑의 시들과 이야기들 역시 노래되거나 암송되었다. 보다 지적인 형태의 오락은 베다에 답이 주어져 있는 수수께끼들을 내는 것이었다. 숲속의 학교들은 이러한 희생제의 현장들에서 발전했다. 비아리아인들에게 있어서 교육과 생각의 교환들을 위한 장소들은 띠르따(tīrtha: 신성한 장소, 특별히 신성한 목욕장소)들이었던 것으로 보인다. 이 신성한 모임에서 나타(Nātha), 요가(Yoga) 그리고 자이나(Jaina)와 같은 비베다적 종교와 철학들이 성행했다. 심지어 오늘날에도 거행되는 힌두 축제인 알라하바드(Allahabad)인근에서 열리는 꿈바 멜라(Kumbha Melā) 같은 멜라들이 이 전통의 산물이다. 가끔 종교적인 열정을 가진 사람들의 모임을 위한 장소로 제공된 신성한 장소 또는 다른 곳에서 점성학적 계산에 의해 결정되는 거대한 만남 또는 결합(mahā-yoga)들이 열렸다. 아리아인과 비아리아인 간의 차이는 교육으로도 확장되었다. 단지 이후 우빠니샤드 시대쯤 두 문화들과 사상체계들의 커다란 융합을 발견한다. 이와 관련하여 아이따레야 브라흐마나(Aitareya Brāhmaṇa)에 의미심장한 이야기가 들어있다. 한 명은 브라흐마나이고 다른 한명은 슈드라(Śūdra)인 두 명의 부인들을 가진 성자(리쉬)가 있었다. 베다 희생제 가운데 하나를 거행할 때 그는 브라흐마나 부인에게서 태어난 아들에게 배움을 전수하고 슈드라 부인에게서 난 아들은 무시했다. 도외시된 아들이 어머니에게 그것을 말하자 그녀가 대답했다. "우리는 슈드라이고 마히(Mahi: 대지)의 아이들, 즉 흙의 아이들이다. 우리는 대지 외에 친구들이 없다." 그러고 나서 그녀는 대지의 여신에게 가서 자신의 아들을 흙의 심연으로 데려가 달라고 부탁했다. 여신은 그를 12년 동안 가르쳤고 그 후 배움을 얻은 소년이 되돌아와 신성한 문헌 중 하나인 아이따레야 브라흐마나를 썼다. 이 신화적인 이야기는 힌두 사상을 가진 소년에게 비아리아인 문화가 흡수되는 과정을 나타낸 것으로 의미가 매우 깊다. 놀랄 것도 없이 아이따레야 브라흐마나는 새로운 관념들을 많이 도입한다. 그것은 순수하게 미적인 창조에 높은 자리를 제공한다. 신은 최상의 예술가이고 세속의 삶의 기술은 신성의 기술로부터 영감을 끌어낸 것이다. 숭배의 방법으로, 예술은 희생제들보다 열등하지 않다. 진실로 역동적 이상을 드러내는 과정 어디서든 사랑의 표현이 존재한다.

심지어 인도에서 문화적 흐름들이 혼재하고 있는 우빠니샤드 시대에도 숲속 학교들이 성행한 것을 발견한다. 브리하드아란야까(Bṛihadāraṇyaka)와 다른 우빠니샤드들은 그와 같은 많은 학교들의 이름을 언급한다. 실제로 우빠니샤드의 다른 이름은 아란야까(Āraṇyaka: araṇya= 숲)이다. 이 학교들에서 인도의 다양한 지역들에서 온 (여학생들을 포함한) 학생들이 힌두 문화의 보급과 심지어 그의 발전과 조정에 매우 의미 있는 역할을 했다는 사실에는 의심의 여지가 없다.

교육은 필연적으로 해당 사회의 다르마와 연관된다. 때문에 이러한 과정은 고대 인도에서의 교육에 대해 말해준다. 이제부터는 종교적 주제로 돌아가도록 하자.

제10장 우빠니샤드와 기따

베다 전통은 정교한 희생제의와 함께, 점차 우빠니샤드의 브라흐만과 아뜨만 이론으로 대체되었다. 우빠니샤드의 성립 연대를 정확히 알 수는 없지만 아마도 그 대부분은 기원전 800년 이후, 그리고 붓다 이전에 구성되었을 것이다. 붓다가 우빠니샤드의 영향을 많이 받은 것으로 보이기 때문이다. 많은 우빠니샤드가 있지만 일반적으로 가장 중요하게 여기는 것은 이샤(Īśa), 께나(Kena), 까타(Kaṭha), 쁘라슈나(Praśna), 문다까(Muṇḍaka), 만두꺄(Manduk-ya), 슈웨따슈와따라(Śvetāśvatara), 찬도갸(Chāndogya), 그리고 브리하드아란야까(Bṛhadāraṇyaka) 우빠니샤드이다. 네 가지 베다는 각각 자신의 우빠니샤드를 갖는다. 각 우빠니샤드의 첫 게송은 그것이 어떤 베다와 관계가 있는지 설명한다.

우빠니샤드의 가르침은 브라흐만과 아뜨만 이론을 중심으로 이루어진다. 브라흐만의 의미는 이해하기 쉽지 않다. 그는 하나의 신적인 존재로 묘사되며 '모든 존재에 감추어져 있고, 모든 곳에 편재하며, 모든 존재 속에 있는 자아이고, 모든 행위들을 지켜보며, 모든 존재 속에 살고 있고, 목격자이고, 지각하는 자이고, 유일자이고, 속성으로부터 자유로운 자이다. 그는 (행위하는 것처럼 보이지만 실제로는) 행위하지 않는, 많은 것들의 유일한 통치자이고 한 가지 씨앗을 다양하게 만드는 자이다'(Śvetāśvatara Upanishad, VI.11-12, *Hindu Scripture* pp.219-20) 아뜨만이란 '자아'를 의미한다. 우빠니샤드의 주요 메세지는 아뜨만과 브라흐만의 동일성이다. 최고신(Supreme)은 모든 영혼 속에 '그것의 자아'로 현현한다. 윤회를 통해 사람은 그의 최종 목적 즉, 그의 자아에 대한 깨달음에 다가간다.

브라흐만과 아뜨만의 동일성은 찬도갸 우빠니샤드에서 웃달라까 아루니(Uddālaka Āruṇi)와 그의 아들 슈웨따께뚜(Śvetaketu)의 대화를 통해 묘사된다. 아들은 학교에서 12년 동안 공부하고 막 돌아왔지만, 아버지는 아들이 (베다를 포함하여) 많은 것을 읽었음에도 아직 이 절대적 진리를 완전하게 이해하지 못했다고 생각했다. 아버지가 아들에게 전해준 긴 이야기 가운데 다음의 내용을 인용하고자 한다.

> '저기서 냐그로다(Nyagrodha) 나무 열매를 가지고 오렴'
>
> '여기 있습니다'
>
> '깨보아라'
>
> '깼습니다'
>
> '거기에 무엇이 있니?'
>
> '아주 작은 씨앗들이 있습니다'
>
> '그 중 하나를 잘라보아라'

'잘랐습니다'

'거기에 무엇이 있니?'

'아무것도 없습니다'

아버지는 다음과 같이 말한다. '아들아, 너의 눈에 보이지 않는 미세한 본질이 그곳에 있다. 그 본질 때문에 이 큰 냐그로다 나무가 존재하는 것이다. 믿거라, 아들아. 존재하는 모든 것은 미세한 본질인 그것을 자아로 갖는다. 그것이 진리이다. 그것이 자아이고 그것이 바로 너이다, 슈웨따께뚜야'

'아버지 더 자세히 알려 주세요'라고 아들이 말했다.

'그래 아들아'라고 아버지가 답했다. '이 소금을 물에 넣고 아침에 나에게 오너라'

아들은 아버지가 시키는 대로 했다. 아버지가 아들에게 말했다. '어제 밤에 네가 물에 넣은 소금을 내게 가져 오렴'

아들은 그것을 찾았지만 찾을 수 없었다. 당연히 녹아버렸기 때문이었다.

아버지는 말했다. '물의 표면을 찍어서 맛을 보아라. 어떠니?' 아들이 답했다. '짠 맛입니다'

'물의 중간부분을 맛을 보아라. 어떠니?' 아들이 답했다. '짠 맛입니다'

'물의 바닥부분을 맛을 보아라. 어떠니?' 아들이 답했다. '짠 맛입니다'

아버지는 말했다. '그것을 버리고 오너라'

아들은 그렇게 했다. 그래도 소금은 계속 존재한다.

그러자 아버지가 말했다. '또한 이 몸에 대해서도 그러하다. 아들아, 네가 진리(sat)를 인식할 수 없더라도 그것은 실제로 존재한다. 존재하는 모든 것은 미세한 본질인 그것을 자아로 갖는다. 그것

은 진리이다. 그것이 자아이고 그것이 바로 너이다, 슈웨따께뚜야'
(Chāndogya Upanishad, VI, 12-13, *Hindu scripture* pp.172-3)

이 이론은 베다와 희생제의의 종교에서 파생되었음에도 그것과 많이 다르다. 희생제의를 통해 결과를 추구하는 것은 종종 다른 생명을 해치기 때문에 인간 속박의 끈을 강화시킬 뿐이다. 우빠니샤드적 관점에 따르면 최종 목표는 자아에 대한 깨달음이다. 모든 것에 편재된 일자이고 독특한 브라흐만에 대해 깨닫는 것은 모든 속박으로부터 우리를 자유롭게 하고 존재(sat)-의식(cit)-지복(ānanda)로서의 실재를 깨닫게 한다. 이러한 깨달음의 완성은 천상의 안락에 대한 갈망도 초월한다. 이것은 바가바드기따에서도 설명되었다. 우리의 에고(이기적 성향)에서 생겨난 우리의 모든 고통과 한계는 무지(avidyā)에서 비롯된 것이다. 따라서 사람들은 증오, 상처, 탐욕과 양립할 수 없는 지식을 추구해야 한다. 그래서 우빠니샤드의 이론은 도덕적 행동 규범의 근거를 제공한다. 우빠니샤드 가르침의 핵심(본질)은 이샤 우빠니샤드에 있다. '이 모든 것, 땅 위에서 움직이는 모든 것이 주인(자아) 안에 감춰진(hidden) 것이다. 이 모든 것을 버리면 그대는 즐길 수 있을 것이다. 어떤 사람의 재산도 탐내지 마라. … 그리고 자아 속에 있는 모든 존재와 모든 존재 속에 있는 자아를 지켜보는 그는 결코 그것을 외면하지 않는다. 자아(아뜨만)가 모든 사물들이 된다는 것을 이해하는 사람에게 그 합일을 한 번이라도 본 사람에게 어떤 슬픔, 어떤 괴로움이 있겠는가?' (슐로까1 과 7, *Hindu scriptures*, p.207)

이 연결에서 주목할 만한 흥미로운 점은 베다 이후 철학(우빠니샤드, 바가바드기따, 불교, 자이나 문헌들)에서 관심의 중심을 차지하는 것은 사람들이고 신들은 보조적인 역할을 한다는 사실이다. 불교 미술과 문학에서 신들은 위대한 인물의 머리 위에 꽃을 뿌리거나 우산을 받치고, 때로는 나팔을 불기도 한다. 서사시에서 라마와 끄리슈나는 인간이지만 신의 화신으로서 그들 또한 신적 존재로 여겨진다. 서사시에서 신들은 그들의 하인들이다. 전체적으로 이 시기에, 희생제의는 인간 윤리로 교체되었고 일원론이 다신교를 대신하였으며 베다의 제식 대신에 지식과 헌신에 대한 갈망이 커지고 있었음을 알 수 있다.[1] 우리는 이 시기에 인도 문화의 베다와 비베다적 요소 사이의 융합과정을 볼 수 있다. 이러한 문화적 동화의 결과는 실로 놀랄 만하다. 그리고 종교적 철학의 문서로서는 우빠니샤드를 능가할 수 있는 것이 없다. 쇼펜하우어(Schopenhauer)는 '전 세계에서 우빠니샤드의 사상처럼 유익하고 의식을 고양시키는 연구는 없다. 그것은 지금까지 내 삶의 위안이었고 내 죽음의 위안이 될 것이다.'[2] 이 찬사가 너무 과장된 면이 있지만 기원전 8세기경의 이 작품이 역사상 가장 주목할 만한 종교적인 문헌 중 하나라는 점은 의심의 여지가 없다.

1) 베다의 희생제의는 브라흐마나의 전유물이었지만 우빠니샤드는 끄샤뜨리야의 세력이 점점 증가하고 있음을 보여준다. 많은 논쟁과 토의의 기록에서 논사들이 끄샤뜨리야 계급 출신으로 알려졌다. 베다 시대에 여성들은 상대적으로 낮은 지위를 가졌지만 우빠니샤드에서 그들은, 남자들보다 많이 등장하지는(눈에 띄진) 않지만 동등한 권리를 누렸다. 인생에 대한 가장 근본적인 질문 중 하나가 야갸발꺄(Yājñavalkya)의 아내인 마이뜨레이(Maitreyī)에게서 나온다. 마이뜨레이는 말한다. "서방님, 만일 이 땅의 모든 것이 나에게 속한 것이라면, 말해주십시오. 그것을 통해 나는 영원할 수 있습니까?" "그렇지 않다" 야갸발꺄가 답했다. "부자들의 삶이 그대의 삶이 될 것이다. 그러나 재산을 통한 불멸은 희망이 없다" 그러자 마이트레이가 말했다. "내가 불멸하지 않으려면 저는 어떻게 해야 합니까?(What should I do with that by which I do not become immortal?"(*브리하드아란야까 우빠니샤드 II*, iv, 2-3; *Bṛihadāraṇyaka Upanishad Hindu scriptures*, p.62. 또한 Ch.3 III 장에 인용된 가르기(Gārgī)와 야갸발꺄의 대화를 보라.
2) Will Durant. *The Story of Civilization*, Volume I. New York, 1942, p. 410 인용.

다소 다른 방식으로, 아마도 우빠니샤드보다 서구에서 더 잘 알려진 바가바드기따(Bhagavad-Gita) 역시 특별한 종교적 업적이다. 이것은 우빠니샤드, 즉 편재하는 브라흐만이 아뜨만과 같다는 이론에서 발전한 것이다. 그러나 여기서 강조하고 있는 것은 행위와 인간의 행동 규범이다.

바가바드기따 혹은 기따는 간단히 말해 '세존(주님)의 노래'라는 뜻이고 대서사시 마하바라따의 일부이다. 이야기는 꾸루끄셰뜨라(Kurukshetra)의 전쟁터에서 전투가 시작되기 직전을 배경으로 하고, 빤두의 아들들(Pandava)측 전사인 아르주나(Arjuna)와 그의 스승이자 신의 화신이면서 그의 전차를 모는 마부인 끄리슈나(Kṛishṇa)의 대화를 기록한 서사시이다. 아르주나의 양심은 전쟁과 그에 수반되는 대규모 살상에 대해 반감을 가지고 있다. 상대 진영에는 많은 친구들과 친척들이 보인다. 이 전쟁이 같은 왕족인 두 집안간의 싸움이었기 때문이다. 아르주나는 끄리슈나에게 불안을 토로한다. '끄리슈나여, 나는 승리도 왕권도 기쁨도 바라지 않습니다. 목동들의 주인이여, 나에게 왕권이나 영주나 기쁨이나 삶이 무슨 소용이 있겠습니까? 내가 왕권, 행복, 기쁨을 바란다는 목적 하에 그들- 스승들, 아버지들, 아들들, 할아버지들, 삼촌들, 장인들, 손자들, 처남들, 친척들까지 삶과 재산을 포기한 채 지금 이 전장에 마주 서있습니다. 마두를 무찌른 자(끄리슈나)여, 비록 저들이 나를 죽인다 해도 나는 저들을 공격할 수 없습니다. 저 세상들 너머의 왕국을 위해서도 아닌데 하물며 이 지상의 것은 더욱 아닙니다.'(제1장 32~5) 크리슈나는 아르주나에게 전사로서의 의무를 다해야 한다고 대답했다. 아르주나 개인의 행위에 대한 윤리적 문제에서 시작되었지만 크리슈나는 이 문제를 개인의 의무와 사회적 행위, 그리고 인간의 윤리 전반에 대한 논의로 발전시켰다.

아무것도 하지 않는 것은 가능하거나 바람직하지 않을 뿐더러, 중요한 것은 자신의 일이나 에고, 욕망, 그리고 일의 결과에 대한 기대에 사로잡히지 않는 것이다. '그대는 행위가 행위하지 않음보다 낫고 그대의 몸을 지탱하는 것 역시 행위하지 않음으로 성취될 수 없기 때문에 규정된 행위를 실행하라.' '쁘리타(Pṛithā)의 아들이여, 흔들리지 않는 명상에 관한 확고한 이해를 가진 마음의 상태는 (세속적인) 즐거움과 권력에 강하게 이끌리는 자들, 그들의 마음이 (그들) 즐거움과 권력을 얻기 위한 특별한 행위들의 (명령으로) 가득하고 행위의 결과로서 탄생을 약속하는 현명하지 못한 사람들이 말하는 꾸밈이 많은 말에 의해 떨어져 나간 사람들, 베다의 말을 좋아하는 사람들, 그것 외에 아무 것도 없다고 말하는 사람들 그리고 그의 목적이 천상인 사람들에게 속하지 않는다. … 그대가 할 일은 오로지 행위하는 것이다. 어떤 결과를 위해서가 아니다. 행위의 결과가 그대의 동기가 되지 않게 하라. 그대의 믿음이 행위하지 않음에 (고정되지 않게 하라'.(2장과 3장)

끄리슈나는 또한 영혼의 불멸성 속에 거주한다. '배운 사람들은 삶에 대해 비통해하지 않는다. 나뿐만 아니라 그대도 그리고 인간들의 지배자들도 또한 우리 가운데 어느 누구도 절대로 죽은 이후에 없어지지 않는다. … 이 모든 것에 편재하는 것이 파괴될 수 없다는 사실을 알아라. 그 다함이 없는 (원리의) 파괴는 어느 누구도 할 수 없다.'(2장)

제11장 문화적 융합과 인도인의 삶에 미친 영향

우빠니샤드의 철학적이고 사색적인 융합은 주로 엘리트에게 국한되었는데, 인도 문화의 이러한 면을 다루고 있는 대부분의 현대의 책들이 교육받은 이들의 종교적 삶에 대해서만 다루고 있다는 점은 안타까운 일이다. 일반인들의 삶에 영향을 준 다양한 문화와 그 융합 과정 역시 이에 못지않게 흥미로운 주제이다. 따라서 고대 인도의 대중문화와 대중종교에 대해 몇 마디 하고자 한다.

베다는 '헌신의 길'(bhakti)을 꺼리기 때문에 힌두이즘에서 일어난 헌신의 문화는 비베다 문화의 영향으로만 설명될 수 있다. 빠드마뿌라나(*Padma Purāṇa*)에 따르면 박띠학파는 남인도 즉 드라비아인의 왕국에서 시작되었다. 헌신의 문화는 고대의 베다 스승 아짜르야(ācārya)들 대신에 새로운 구루(guru) 계층을 낳았고, 동시에 배움의 중심이 희생제의 장에서 순례와 목욕같은 좀 더 대중적인 장소로 이동하였다. 제단들을 대신에 그들의 특별한 신들을 모시는 사원들이 생겨났다. 베다는 우상숭배나 신상 숭배에 대한 언급이 거의 없기 때문에 이러한 발생 또한 비베다의 문화이다.

인도의 많은 민족들 가운데 어떤 민족은 강을 숭배하고, 또 어떤 민족은 산을, 또 어떤 민족들은 특정한 나무와 동물들을 숭배했다. 이들 각각의 문화들은 힌두이즘에 영향을 미쳐, 그 크고 거대한 몸체 안에 적어도 한 자리씩은 차지하게 되었다. 일반대중의 신인 가네샤(Gaṇeśa) 혹은 가나빠띠(Gaṇapati)는 반은 사람이고 반은 코끼리이다. 때때로 대중적 정서에 대한 배려로서 베다의 희생제의는 이러한 대중적인 예배의식을 앞세웠다. 그것은 확실히 소수의 아리아인의 입장에서는 현명한 조치였을 것이다.

쉬바는 힌두 다신교에서 수용되었던 비아리아인들의 또 다른 신이다. 그는 샤바라(Śabara)와 끼라따(kirāta)와 같은 비교적 원시적인 부족들이 숭배한 것으로 보이지만 도시화된 인더스 문명에서도 어느 정도 그를 숭배한 것 같은 흔적을 찾을 수 있다. 양자의 동화의 과정에 대한 연구를 통해 쉬바는 많은 적대감과 반대를 거친 후에 정통파로 받아들여졌다는 사실이 드러난다. 나중에 볼 수 있는 쉬바와 남근(lingam) 숭배의 결합은 분명히 쉬바숭배(Śaiva)를 확장시켰다. 그와 같은 숭배의 초기의 단순함이 무엇이었든 간에 그의 이후의 철학적 작업은 매우 정교한 이론으로 이어졌다. 우주의 어머니의 힘으로 드러나는 또 다른 대중적인 여신 깔리(Kāli)의 숭배에 대해서도 같다고 말할 수 있을 것이다. 인더스 문명에서도 모신의 상이 발견되는데 그것을 깔리 숭배의 기원과 연관될 수 있다. 깔리 신상들 가운데 일부는 꽤 무시무시한 데 실제로 유명한 살인집단인 투기(thuggee)들도 깔리를 숭배했다. 하지만 흥미롭게도 몇몇 철학에서 그녀는 자비롭고, 모든 고통을 짊어진(all-suffering) 신이며, 형태와 속성을 초월하여 거의 브라흐만과 같은 개념이 된다.

쉬바는 처음에 베다의 폭풍의 신 루드라(Rudra)와 연관이 있었다. 나중에 그는 다산과 연관되는 것 외에 요가의 신(Yogeśvara)과 우주적인 창조와 파괴의 춤을 추는 신(Naṭarāja)으로 여겨진다. 우리는 쉬바가 깔리처럼 많은 대중적인 신들 중 하나에서부터 어떻게 특정한 숭배자 집단에서 최상의 인격화된 신으로 발전했는지 따라갈 수 있다. 원래의 미숙한 개념을 승화시키는 것과 최고신을 여러 형태로 의인화하는 능력은 힌두교의 전형적인 특징으로 보인다.[1)]

이와 관련하여 대부분의 서양 관찰자들이 신상 숭배와 우상 숭배를 동일한 것으로 취급한 것처럼 보여도, 이 두 가지가 반드시 같은 것은 아니라는 점을 지적하고 싶다(제5장과 그 각주를 볼 것). 그것은 신의 이미지에 맞게 형상이 주어진 형태가 없는 존재에 대한 내적인 경배의 정신이다. 비록 이것들이 종교적인 삶에 대한 도움으로 사용되지만, '모든 인도인들은 언젠가는 이용하고 있는 신상들의 필요성에서 벗어나기를 희망한다'. 인간의 마음은 때때로 특수화와 인격화의 필요성을 만드는 편재하는 브라흐만의 본

1) 후기 힌두교 신화에 나오는 세 신, 브라흐마, 비슈누, 쉬바는 절대자의 세 가지 측면을 상징하는 일종의 삼위일체를 이룬다. 브라흐마는 창조자, 비슈누는 유지자이고 시바는 파괴자로서 세계의 재창조를 위한 중대한 임무를 맡는다. 우리는 세계를 둘러싼 세 가지 활동과, 이러한 역할을 담당할 신으로서 이들 세 신을 상정하였다는 것을 발견할 수 있다. 이 세 신들 중에서 브라흐마에 대한 숭배가 아마도 가장 오래됐을 것이다. 베다에서 우리는 그를 쁘라자빠띠(Prajāpati), 삐따마하(Pitāmaha), 그리고 히란야가르바(Hiraṇya-garbha)로 만난다. 그는 브라흐마나 문헌에서 두드러진다. 하지만 그의 중요성은 점차 줄어들었고 지금은 그가 삼신(三神) 중 하나에 포함은 되지만 대중적인 인기는 별로 없다. 브라흐마의 인기는 힌두이즘이 성행하면서 사원을 짓기 시작하기 전에 이미 쇠퇴하였기 때문에 브라흐마를 위한 사원은 거의 없다. 하지만 이런 점에서 비슈누와 쉬바는 어떤 비통함도 갖지 않을 것이다.

질을 파악하는 것이 어렵다.

베다가 비록 많은 신들을 인정하더라도 우상들이나 신상들이 없는 점은 흥미롭다. 인더스문명이 많은 신상들을 가지고 있다는 사실은 이러한 신상 숭배가 비베다 문화에서 기인한다는 것을 보여 준다. 어떤 사람들은 알렉산더 대왕의 침략 이후 강력해진 그리스의 영향을 받은 것 때문이라고 보기도 한다. 그들은 불교의 지원을 받았거나 그 사상에 감화된 그리스인들이 처음으로 '깨달은 자'의 이미지를 만들었다고 믿는다. 하지만 그리스 영향의 불교 간다라 미술이 발생하기 이전에 이미 인도에도 신상 숭배가 있었기 때문에 이 이론은 전적으로 만족스럽지 못한 것 같다. 실제로 모헨조다로에서 발견된 신상숭배의 증거들은 그것이 적어도 기원전 3천 년 전부터 인도에 존재해 왔다는 사실을 암시한다. 하지만 대승불교가 힌두인의 신상숭배를 더욱 풍성하게 했다는 점에 대해서는 의심의 여지가 없다.

경전에 따르면, 힌두교 신들의 모습은 항상 젊게 표현되어야 한다는 것이 힌두 신상들의 특징이다. 인도에는 늙은 신이 없다. 그리고 신상을 만드는 자의 주된 목적은 해부학적인 정확성보다는 감정(bhāva)의 표현에 있었다.

신상 숭배와 함께 대중적 힌두이즘의 또 다른 특징은 상세한 행동 규범과 규제, 준수 등이 있다는 것이다. 특히 불교와 자이나교에서 강조했던 불살생을 의미하는 아힘사(ahiṃsā)이론은 대부분의 힌두인을 채식주의자로 만들었다. 또한 종교적 의미를 지닌 수많은 의식과 관습들이 있는데 때때로 외국 방문객들을 놀라게 할 정도이다. 이런 맥락에서, 13세기 이탈리아 여행가 마르코폴로(Marco Polo)가 그에게 우상숭배로 보였던 인도의 예배 관습 뿐만 아니라 인도의 종교적 행동규범에 대한 법규들에 대해서도 놀랐다는 사실은 매우 흥미로운 점이다. 마르코폴로는 다음과 같이 기록했다. "그들의 또 다른 관습은 남녀 할 것 없이 모두 아침과 저녁 하루에 두 번 찬물로 전신을 씻는다는 사실이다. … 이와 마찬가지로 그들 각각은 자기자신의 컵으로만 물을 마신다. 왜냐하면 다른 사람의 컵으로는 마실 수 없기 때문이다."[2)]

터부의 많은 부분이 청결과 위생을 고려한 데서 시작되었다. 유목민들은 농경사회나 도시공동체에 필수적인 규칙을 따를 필요가 없다. 베다시대에 침입자들이 처음 농경 생활을 시작했을 때 부주의한 집단생활의 결과로 질병들이 발병했다는 언급이 발견된다. 이후 스므리띠(smṛti; 베다를 가리키는 śruti와 구별되는 경전류) 시대에, 많은 일련의 규칙들과 규정들이 나타나기 시작했다. 이러한 시민의 규칙들은 종교적 테두리 안에서 시행되었고 때때로 종교적 제재를 받기도 했다. 하지만 이러한 위생규칙들 외에도 다양한 부족과 종파들의 독특한 전통들 또한 비록 그들의 역사적 기원이 가끔 신화나 마술에서 조잡한 믿음들로 놓여있다 하더라도 힌두교의 종교의식으로 흡수되었다.[3)]

힌두교 정통파는 대중적인 관습을 흡수한 것 외에 많은 대중적인 신들도 점차적으로 받아들였다. 베다 시대부터 힌두의 신화적 우주가 어떻게 변화하였는가는 매우 흥미로운 연구 분야이다. 또 베다의 희생제의(yajña)대신 오늘날 인도의 대부분의 지역에서 거행되는 종교적 수행의 공통적인 방식은 뿌자(puja, 예배)이다. 그것은 아마도 드라비다인들의 문화에서 나온 것 같다. 까야(Kāyā, 틀

2) 영어번역은 R. E. Latham. Penguin Books, 1958, p. 239 참조.

3) 힌두교가 소를 신성시하는 것으로 유명하지만 그 기원은 확실치 않다. 아리아인들이 비록 소를 아주 유용한 동물로 여긴 것 같긴 하지만 그 고기를 먹는 것을 즐겼다. 인도 농경 생활에서 소를 중시한 것이 이 질문과 관련 있을 수 있다.

또는 신체) 요가와 같은 수련법에서는 궁극적인 신비들이 격렬한 수행에서 받아들여진 목적이 된 공간인 정신적인 중심(cakra)들 속에 거주한다. 이 모든 것들은 종교적 수행의 대중적 방법들이 힌두교에 끼친 영향을 나타내는 것으로 보인다.

베다의 찬가들은 모두 신을 찬양하는 것인데, 그것들은 항상 그들을 달래기 위한 목적으로 남아있다. 제14장에서 논의하게 될 서사시에서는 인간이 숭배의 중심이 된다. 라마야나와 마하바라따는 인간과 그들의 위대함에 대해 말한다. 신과 인간의 중재자는 화신인 아바따라(avatāra)이다. 이 아바따라 이론은 비베다적이고 비아리아적이다.[4] 그것은 베다시대의 초인적인 신들에 대한 의존이 발전한 것으로 보인다. 강력한 베다의 신 인드라가 찬도갸 우빠니샤드(Chāndogya Upanishad)에서는 브라흐만 이론을 배우는 학생으로서 비교적 어렵게 그 심오한 교리를 이해하는 것으로 나타나는 것은 꽤 재미있다(Chāndogya Upanishad , V III, vii-xv). 비아리아인들의 문화적 영향은 분명 베다의 종교를 인간답게 만들었다.

4) 아바따라 개념의 기원은 불분명하다. 그것은 베다에는 나오지 않지만, 이란에 정착한 아리아인들로부터 나왔을 가능성이 있다. 화신들에 대한 한 가지 관념은 조로아스터교의 언어자료집의 부분인 바흐람 야쉬트(Bahrām Yāsht)에서 베레트라그나(Verethragna)신의 화신이 나타난 것에서 찾을 수 있다. 또 다른 이론에 따르면, 이 개념은 중앙아시아에서 시작되는데 바흐람 야쉬트가 중국의 영향과 신화의 흔적을 보여주기 때문이다. 하지만 이 믿음들 중 어느 것도 베다이후의 힌두사상, 특히 라마야나와 마하바라따 같은 서사시들에서 보여주는 것과 같은 중요한 역할을 하지 않는다. 바가바드기따에서 자신을 드러낸 것으로 여겨지는 신의 화신 끄리슈나는 베다나 아리아인에서 나온 인도 신이 아니기 때문에 화신 개념이 비아리아인들의 인도사상에 오랫동안 있어왔다는 주장은 전혀 불가능한 것이 아니다.

제12장 자이나교와 불교

우리는 앞의 몇몇 장을 통해 기원전 8세기 전후 인도에서 새로운 문화적 경향을 형성하기 위하여 베다와 비베다 문화가 어떻게 융합되었는지 살펴보았다. 이 문화적 발전 시기는 이단적(비정통적) 교리들과 견해들이 가득했다. 여러 학파의 사상들 가운데서 짜르바까(Cārvāka)가 가장 잘 알려진 스승이었던 로까야따(Lokāyata)가 발전하였다. 이 학파는 물질적 감각 자료만을 유일한 지식의 근원으로 여겼다. 이것은 당연히 인도 형이상학 전체에 대한 도전이었다.[1] 짜르바까의 잠언들 중 하나인 '그대가 살아있는 한 잘 살

---

1) *Encyclopedia of Religion and Ethics,* Ed. Hastings, Vol. V III에서 R. Garbe가 쓴 Lokayata 항목을 볼 것. '붓다의 생존 연대 이전부터 순수 유물론의 스승들이 인도에 존재했다는 확실한 증거가 있다. 그리고 의심의 여지없이 이 이론들은 그때부터 오늘날에 이르기까지 인도의 수많은 추종자를 거느리고 있다. … 로까야따는 지식의 수단으로 직접지각만을 허용하고 추론은 거부했다. 그들은 네 가지 요소, 즉 물질만을 유일한 실재로 인정했다. 그들은 특별

아라, 심지어 돈을 빌려서라도 잘 살아라, 왜냐하면 한 번 죽고나면 다시 돌아올 수 없으니까'라는 말은 인도의 유명한 속담이 되었다. 이렇게 사후세계와 윤회를 부정하는 것은 서사시에 등장하는 몇몇 빤디뜨들에게서도 찾을 수 있다. 라마야나에서 우리는 자왈리(Jāvāli)라는 브라마나를 만날 수 있는데 그는 이 서사시의 주인공 라마에게 왕국을 포기하지 말라고 충고하며 다음과 같이 말한다.

> 나는 세상의 쾌락을 포기하고 내세에 더할 나위 없는 행복을 위해 공덕을 쌓고자 하며 아직 닥치지도 않은 죽음에 빠져 있는 사람들을 위해 슬퍼합니다. 그 외의 이들에 대해서는 슬퍼하지 않습니다. 사람들은 죽은 조상을 기리는 제사에 매년 음식과 다른 귀한 것들을 바침으로서 그것들을 낭비합니다. 라마여, 죽은 사람이 음식을 먹은 적이 있습니까? 만일 누군가가 음식을 먹음으로써 다른 사람의 배를 부르게 할 수 있다면, 여행을 다니는 사람은 음식을 가지고 다닐 필요가 없습니다. 친지들이 집에서 그 브라흐마나의 이름으로 음식을 먹음으로써 그에게 음식을 먹일 수 있을 것입니다.
>
> 라마짠드라(Rāmacandra)여, 이 경전의 명령들은 다른 이들에게 보시하도록 교묘하게 설득하고 부를 축적하는 다른 수단들을 찾아서 순진한 사람들을 지배하는 배운 자들에 의해 규정된 것입니다. 그들의 교리는 '희생제를 거행하라, 자선을 베풀어라, 자신을 봉헌하라, 금욕을 실천하라, 고행자가 되어라'입니다. 라마여, 현명하게 생

한 물질들의 혼합으로 취기있는 성질이 생겨나는 것과 같이 육체가 요소들의 결합에 의해 형성되면 정신 역시 존재하게 된다고 가르쳤다. 몸이 파괴되면(죽으면) 정신 역시 무로 다시 되돌아간다.… 또한 베다는 거짓, 내적 모순, 쓸데없는 반복의 세 가지 결점으로 특징지어지는 거짓말쟁이들의 공허한 지껄임이라고 선언한다.'(p.138)

각하십시오. 현세 외에 내세는 없습니다. 이것은 확실합니다! 현재를 즐기고 불쾌한 것은 버리십시오! 모든 사람들이 받아들일 수 있는 원리를 택하여 바라따인들이 그대에게 제안한 왕국을 받아들이십시오.(Rāmāyaṇa, Ayodyā kāṇḍa, 108)[2]

이러한 불가지론자 및 무신론자의 도전(반박, 비판)은 힌두사상에 유익한 결과를 가져왔다. 왜냐하면 그것은 종교 지도자들로 하여금 그들의 견해를 방어하고, 그들의 입장을 재고하며 심지어 그들의 몇몇 의심스러운 수행들을 버리도록 했기 때문이다. 자이나교와 불교가 탄생한 것도 이 비정통 시기였다. 그 시기, 신에 대한 베다의 관심은 인간과 인간의 위대함에 대한 관심으로 교체되었고, 천상세계의 행복한 삶에 대한 베다의 이상은 포기와 이기심 없음 그리고 이타행을 믿는 사람들의 비판을 받았다. 영혼이 윤회한다는 이론과 많은 환생을 통해 궁극적인 깨달음을 향해 점점 나아간다는 이론은 우빠니샤드에서 발전한 것이다. 이와는 달리 유물론자들은, 아마도 우빠니샤드 시대만큼 일찍, 신의 존재에 대한 의심을 시작했다. 이러한 지적인 실험의 분위기 속에서 자이나교와 불교가 생겨났고, 이 종교들에서 당시 사상의 경향을 쉽게 찾을 수 있다. 이 두 종교의 창시자들은 베다의 브라흐마나들이 아니라 끄샤뜨리야였고 양자의 교리는 베다 문화의 중심에서 멀리 떨어진 동북부 지역에서 발생하였다.

자이나교도들은 자이나 종교를 강화한 마하비라(Mahāvīra) 이전에 23명의 띠르탕까라(Tīrthaṅkara)들이 있었다고 인정한다.[3] 마하

2) H. P. Shastri. *The Ramayana o f Valmiki*. Vol. I. London, 1952, p. 389의 영어번역 참조.

3) 운문에는 24명으로 나오지만 이것은 마하비라를 포함한 것이며 문장 그대로

비라와 붓다는 거의 동시대 사람으로서 그들의 가르침에도 특정한 유사성이 존재한다. 양자는 베다의 권위를 부정했고 카스트 제도도 거부했다. 불교와 마찬가지로 자이나교 또한 윤회로부터 벗어나는 것을 목표로 한다. 이 목적을 달성하기 위해서는 보석을 의미하는 세 가지 방편(三學)이 필요한데 올바른 믿음(定,) 올바른 지식(慧,) 올바른 행위(戒)가 그것이다. 자이나의 행위규범은 '살생하지 말 것', '남의 것을 탐하지 말 것', '거짓말하지 말 것', '음행하지 말 것', '외부 대상에 대한 즐거움을 버릴 것' 등의 5가지 계율을 포함한다. 라즈뿌따나(Rajputana), 구자라뜨(Gujarat) 그리고 남인도 일부가 여전히 자이나 신앙의 본거지이며 한 때는 인도의 많은 지역에서 성행했다. 예를 들어 벵골에서는 불교 이전 시대에 이미 퍼져 있었다. 자이나교는 인도 사상과 수행에 상당한 기여를 했다. 자이나교 고행주의자들의 잘 알려진 금욕 생활은 힌두교 전통에 영향을 미쳤다. 힌두교 일부 종파의 채식주의는 자이나교의 영향일지도 모른다. 좀처럼 인정되지 않는 자이나교의 또 다른 기여는 중세 신비주의의 발전에 있어서의 역할이다. 단순한 믿음에서 시작된 자이나교는 사제들이나 빤디뜨들의 규칙에서 자유로움에도 불구하고 후대로 갈수록 보다 사제들의 지배를 당하게 되었다. 심지어 신상 숭배조차도 후기 자이나교의 일부가 되었다. 14-15세기에는 이에 대한 반작용으로 단순한 믿음으로 돌아가려는 목적을 가진 많은 운동들이 일어났다. 따란 스와미(Tāran Swāmi)와 룽까 샤(Lunkā Shāh)라는 이름이 이와 관련하여 언급될 수 있을 것이다. 라마무니(Rāmamuni)의 유명한 '빠후다 도하(Pāhuḍa Dohā)'가 아마도 중세의 소박한 신비주의의 시의 첫 번째 예일 것이다. 이

마하비라 이전을 의미한다면 23명이 정확하기에 그렇게 교정했다.- 역자 주

후의 장에서 다루게 될 중세 신비주의는 인도 문화에서 중요한 면이다.

이 펠리칸 종교 시리즈 가운데 크리스마스 험프레이스(Christmas Humphreys)가 불교에 대해서 쓴 읽기 쉬운 책이 있기 때문에 이 책에서 불교를 자세하게 다룰 필요는 없을 것 같다. 붓다는 기원전 6세기 경, 동부 히말라야 산맥 기슭의 작은 언덕에 위치한 샤꺄(Śakya)족의 왕자 가우따마 싯다르타(Gautama Siddhārtha)로 태어났다. 그는 인간 존재의 비극에 대해 괴로워했고, 자신의 첫 아이가 태어난 후 얼마 지나지 않아 진리를 찾아 궁전을 떠났다. 붓다의 위대한 출가는 인도의 수많은 세대에 걸쳐 물질적 쾌락의 포기에 대한 가장 강렬한 상징으로 남아있다.

출가한 가우따마는 처음에 유명한 성자 밑에서 공부를 하고 고행과 금욕을 실천하면서 당시에 인정된 영적 지식의 방법들을 따랐다. 하지만 그는 이것들에 만족하지 못했다. 마침내 그는 가야(Gayā)에 있는 한 나무 아래 앉아 명상을 함으로써 빛을 보았다. 불교의 기본 교리는 잘 알려져 있으며 그것들은 중도(中道; 양극단을 버리는 것), 비폭력, 미워하지 않음, 자비, 출가(무소유), 금욕, 그리고 윤회로부터 벗어나 열반에 도달하는 이론을 포함한다. 불교가 우빠니샤드의 영향을 받은 것은 명백하지만 붓다는 그 사상의 발전에 새로운 전환점을 제공했다. 이러한 역동적인 교리가 갖고 있는 매력은 스리랑카, 미얀마(버마), 중국, 한국, 일본과 다른 많은 나라들에서 수많은 사람들을 불교도로 개종시키기에 충분했다. 인도에서는 기원전 3세기 아쇼까(Aśoka) 왕 때 국교가 되기도 했다. 아쇼까왕은 다양한 학파들과 유명한 석주의 비문을 통해 불교를 인도 전역으로 퍼뜨렸고 또한 최초로 불교 포교사들을 외국으로 파견하기도 했다. 아쇼까왕이 불교에 귀의하게 된 이야기는 종교 확산의 전형적인 예이다. 할아버지와 아버지의 뒤를 이어 아쇼까 왕은 깔링가(Kaliṇga)왕국을 정복함으로써 그의 인도 제국을 더욱 공고히 하였다. 하지만 전쟁의 참상에 충격을 받은 그는 비폭력과 인도주의적 종교인 불교에 귀의하게 되었다.

불교는 힌두교에도 많은 영향을 끼쳤다. 어떤 의미에서 불교가 나중에 인도에서 소멸했다는 말은 옳지 않다. 실제로 불교 교리의 대부분은 힌두교의 많은 분파들에 의해 수용되었지만 힌두교는 불교를 자신의 일부로 만듦으로써 다시 한 번 놀라운 동화력을 드러냈다. 붓다는 힌두인들에 의해 모든 중생에게 깨달음을 전파하는 '아바따라(화신)'들 가운데 하나로 받아들여졌다. 불교가 우빠니샤드와 많은 유사성을 가지고 있다는 사실이 이 동화 과정을 훨씬 쉽게 만들었다.

불교가 힌두 종교사상에 끼친 영향과는 별개로 힌두인들은 또한 종교적 가르침을 위해 비유를 사용하는 불교의 방식을 채택하고 있다.[4] 이것은 뿌라나(Purāṇa)들이나 후대 빤짜딴뜨라의 이야

4) 인도인들의 마음은 항상 우화를 매우 좋아해왔고 불교 문헌에서 다루고 있는 중요한 우화들은 대부분 인도에서 발생했다. 인도 우화들은 다른 채널을 통해 나라 밖으로도 큰 영향을 미친 것 같다. 막스 뮐러(Max Müller), 롤린슨(Rawlinson) 그리고 다른 사람들은 몇몇 이솝 우화조차 인도 우화에서 유래했다는 사실을 보여주려고 애썼다. 이솝 우화에 자주 등장하는 사자, 호랑이, 코끼리, 공작, 원숭이 등이 인도에서 흔한 동물이고 이야기 또한 유사하다는 점에서 전혀 불가능한 주장은 아니다. 하지만 명확하게 입증된 바가 없고 또 그것이 어떻게 가능한지도 알 수 없다. 중세 유럽과 아랍의 우화가 인도 설화에 많은 영향을 받았다는 것은 의심의 여지가 없다. 판짜딴뜨라(Pañcatantra)의 이야기들은 6세기에 페르시아어로 번역되었고, 8세기에 『필파이 우화(Fables of Pilpay)』라는 제목의 아랍어로 번역되었다. 이 아랍어 번역본이 이슬람 세계에 퍼져 나갔고 유럽에까지 이르게 되었다. 이 동물우화의 독일어 버전은 1481년에 만들어졌는데 유럽에서 최초로 인쇄된 책 중 하나이고 칵스툰출판사(Caxton's printing press)에서 영역본을 만들었다. 라퐁텐(La Fontaine)은 그의 우화집(1678) 서문에서 다음과 같이 말한다. '내가 이 새로운 우화들의 소재를 어디서 얻었는지 말할 필요는 없다. 다만 감사의 의미로,

기에서도 볼 수 있는데 그들의 지혜와는 전혀 별개로 이들의 문학적 가치는 매우 크다. 마찬가지로 불교 미술 역시 힌두교에 영향을 주었다. 예를 들어 힌두교 도상에 나타난 불교 조각의 영향은 쉽게 알아볼 수 있다. 하지만 불교가 인도 문화발전에 가장 크게 기여한 분야는 아마도 교육일 것이다. 우빠니샤드 시대에 숲속의 학교(tapovana; 일종의 공동수행처)이나 왕궁에서 어느 정도 분리된 단계의 연구와 학습이 많이 있긴 했지만 조직화된 대학들은 없었다. 불교의 영향력 아래 다양한 대학들이 인도에서 자라났다. 아마도 그 가운데 가장 중요한 것은 아마도 동 비하르 주에 있는 날란다(Nālandā) 대학일 것이다. 이 대학은 당시 중국, 일본, 티벳 및 다른 먼 나라에서까지 학생들이 유학 올 정도로 훌륭했다. 이곳에서는 (불교와 힌두교 양자의) 종교 과목 외에 의학, 농업, 낙농업, 논리학, 문법학, 건축학, 그리고 예술과 같은 과목에 대해서도 가르쳤다. 7세기 중국 유학생이었던 현장(玄奘)이 남겨 놓은 이 대학에 대한 기록이 마음을 사로잡는다. 깨달음을 설파하기 위한 불교의 바람의 결과였던 이러한 교육의 발전은 인도의 문화적 발전에 결정적인 영향을 미쳤고, 자연스럽게 힌두 사상의 동향에도 중대한 영향을 끼쳤다. 불교시대 이후 힌두 부활의 가장 중요한 인물 중 하나인 샹까라(Śaṃkara)는 조직화된 교육 시스템을 간절히 열망했다. 그는 불교의 승가(saṃgha) 스타일로 힌두교 산야신(수행자)들을 위한 종교교단(maṭha; 힌두승단)들을 조직하는 것부터 시작했다. 인도유물론, 자이나교, 불교의 비정통파 사상들은 모두 힌두이즘의 철학과 수행에 그들의 흔적들을 남겨놓은 듯하다.

내가 이 이야기들 중 가장 많은 부분을 인도의 성자 필파이에게 빚지고 있다고 말하고 싶다.'

제13장 그 외의 비정통(비베다) 사상

인도에는 불교와 자이나교 외에도 베다의 영역밖에 있는 많은 분파들이 존재한다. 붓다의 생애에 관한 이야기 속에서도 우리는 이러한 사상들을 많이 만난다. 여기서 그 모든 종파들을 다룰 수는 없지만 나타(Nātha), 요가(Yoga), 그리고 싯다짜라(Siddhācāra)파에 관한 몇몇 단어들은 말해야 될지도 모른다. 왜냐하면 그들은 한때 인도에 널리 퍼져 있었기 때문이다.

나타파는 요가 이론과 밀접한 관련이 있다. 그것은 또한 빠슈빠띠 쉬바(Paśupati Śiva) 즉 동물들의 주인 또는 신으로서의 쉬바 숭배와 연관된다. 인더스 문명의 유물들 가운데 빠슈빠띠의 상징물과 요가수행자의 도상이 발견된 것으로 보아 이러한 종파은 매우 오래되었을 것으로 추측된다. 나중에 이 모든 종파들이 불교와 자이나교 그리고 대중적인 힌두교와 밀접하게 연관되었다.

불교도와 자이나교도들은 윤리적 실천성을 가지고 베다 신들의 위치에 사람을 놓았다. 나타, 요가, 싯다짜라파의 신도들은 더 나아가 인간의 몸속에 있는 모든 종교적 신비를 찾을 것을 주장했다. 그들은 이다(iḍā)와 삥갈라(piṅgalā)라고 불리는, 신경계 속에 있는 태양과 달의 흐름들에 대해 이야기했다. 이 흐름을 통합함으로써 신체의 정신적 중추인 짜끄라(cakra)를 열 수 있다고 생각했다. 이 짜끄라들을 제일 처음 언급한 것은 아타르바 베다이다. 그래서 이러한 믿음들 가운데 몇몇은 그 시기와 연관되어 있을지 모른다. 그들의 또 다른 개념은 쉬바와 샥티의 균형으로서 이 둘은 신성한 능력의 서로 다른 양면을 나타내는 남성과 여성 신격이다. 남근 숭배의 몇 가지 요소들 역시 이러한 전통에서 발견될 수 있다. 우리가 앞에서 언급한 쉬바는 특히 다산 숭배와 관련있다. 힌두 사상의 서로 다른 학파들에서 나타나는 쉬바의 다재다능함은 실제로 흥미롭다. 인더스문명에서 그는 동물의 주인 또는 신인 빠슈빠띠로 나타난다. 얼마 후 그는 베다의 폭풍의 신인 루드라(Rudra)로 연결된다. 나중에는 남근 숭배와 연관된 그를 발견한다. 또한 요게슈와라(Yogeśvara; 요가의 신)로서 요가 수행과 관련되기도 하고, 최고의 창조자이고 파괴자인 나타라자(Naṭarāja)로서 우주를 창조하고 파괴하는 춤을 추는 신이 되기도 한다. 많은 그림(이미지)을 통해 그는 공포를 일으키는 존재로 묘사되어 우리로 하여금 우주의 파괴력을 자각하게 만든다. 이러한 두려움은 '자비로운 당신이여, 우리를 죽이지 마소서'라는 루드라에 대한 기도에서도 알 수 있다. 이와 동시에 인도 문학과 시에서 쉬바는 종종 사랑하는 (그리고 총애받는) 신으로 나타나기도 하고, 또 다른 예로 조용하고 가정적인 쉬바가 민속 전통에서 발견되기도 한다. 아마도 이 모든 것은 자연스러운 것이고 최상의 절대자의 무한한 면과 현현들에 대한 힌두의 관념을 나타낸 것이라 할 수 있을 것이다.

다시 우리가 논의하고 있는 종파들로 돌아가서, 겉으로는 신비주의이지만 요가수행자들 또한 생리학과 의학에 관한 상당한 연구들을 내놓았다. 오늘날까지도 요가의 운동 시스템은 실천적 가치가 크고 상당히 일상적으로 실행되고 있다. 이러한 종파들의 전통은 또한 딴뜨라(Tanta)를 낳았다.[1] 딴뜨라 수행자를 일컫는 딴뜨리까(Tāntrika)들 역시 요가, 짜끄라의 발현, 경배된 쉬바-샥티(Śiva-Śakti) 혹은 더 일반적으로는 모신(母神)인 데비(Devī)를 믿는 자들이었다. 딴뜨라 수행법의 일부는 상당히 초일상적인 것처럼 보였고 때로는 성적 도착(왜곡)의 요소들을 포함한다. 하지만 종교적 관점에서 보면 이 시스템의 보다 흥미로운 다른 부분들이 존재한다. 딴뜨리까의 전통 모음은 상히따(Saṃhitā) 혹은 아가마(Āgama)라고 불리는데 이것은 딴뜨리까가 이전부터 (스승과 제자의 긴 전승을 거쳐) 전해져왔다는 것을 의미한다. 아가마는 네 가지 가지 또는 부분을 의미하는 앙가(aṅga)들을 가지고 있다. 첫 번째 가지는 지식이다. 여기서 그것은 우빠니샤드와 가장 가깝다. 마하니르바나 딴뜨라(Mahānirvāṇa Tantra)에서 나타나는 브라흐마 이론은 우빠니샤드와 상캬 철학을 혼합한 것이다. 두 번째 가지는 요가(yoga)이다. 수행을 의미하는 끄리야(Kriyā)는 세 번째 가지를 형성한다. 네 번째는 행위 또는 특성으로서의 짜르야(Caryā)이다. 그것은 인간의 사회적이고 개인적인 행동을 다룬다. 마하니르바나 딴뜨라(특히 8장)의 몇몇 게송들은 이러한 행위규범들에 대한 흥미로운 견해를 제시하며 그것은 때때로 힌두(인도) 법에 결정적 영향을 끼친 마누법전을 떠올리게 한다. 마하니르바나 딴뜨라 제14장에는 죽음의 속박에서 벗어나기를 추구하는 자에 대한 게송들이 있다. 그

1) Arthur Avalon. *Principles of Tantra*. Part I, London, 1914, and Part II , London, 1916. 참조.

것은 지반묵따(jīvanmukta; 살아서 해탈에 도달한 자)에 대한 베단따적 개념과 비교될 수 있다.

딴뜨라에서 여성은 중요한 역할을 한다. 많은 정통 힌두교 분파들과 달리 딴뜨라는 종교적 문제에서 여성에게 열등한 지위를 부여하지 않았다. 그들은 또한 사회적 문제와 카스트적 제한에서 상당히 자유롭다. 딴뜨라의 몇몇 문헌에서 상당히 지적인 정교함을 발견할 수 있음에도 불구하고 딴뜨라는 주로 민중 종교였다. 중세 신비주의, 박띠 사상, 그리고 바울(Bāul) 운동과 같은 다른 민중 종교 전통들은 다음 장에서 논의할 것이다.

제14장 라마야나(Rāmāyaṇa), 마하바라따(Mahābhārata) 그리고 뿌라나(Purāṇa)들

뿌라나는 문자 그대로 오래된 어떤 것을 의미하는데, 오랫동안 존재해왔던 (전설과 같은) 대중적이고 전통적인 문헌을 나타내는 것으로 사용되었다. 베다에서는 종교 의식에서 낭송되는 데 사용되었던 많은 뿌라나들에 관한 몇 가지 힌트밖에 없다. 그렇기 때문에 이런 빈약한 자료들을 가지고 오래된 뿌라나들이 어떠했는지 규명하는 것은 매우 어렵다. 비록 뿌라나들이 적어도 어느 정도 베다 이전의 초기의 자료들에 기초한 것이지만 대부분의 뿌라나들은 후대에 구성되었다.

이들 가운데 가장 유명한 것은 라마야나(Rāmāyaṇa)와 마하바라따(Mahābhārata)의 두 서사시이다. 이들 두 서사시는 한 명이나 몇 명의 작가들이 쓴 것이 아니라 여러 세대에 걸쳐 많은 시인들이 구성한 결과이기 때문에 그 성립 연대를 확정하는 것은 어렵다. 아마도 기원전 1,000년 동안 이야기들이 발전하고 게송이 구성되어 오다가 2세기에서 4세기 사이에 현재의 형태가 완성되었을 것이다. 하지만 이러한 추정 역시 확실한 것은 아니며 몇몇 학자들은 그것의 구성 시기가 보다 이를 것으로 추정했다. 연극, 노래 및 암송의 베다 전통을 따르는 전승 방법은 오랫동안 구전으로 행해졌다. 그것들은 기원후 몇 세기가 지난 후 편집되고 기록되었을 것이다. 라마야나는 24,000여 송, 마하바라따는 약 90,000송으로 이루어져 있다. 후자는 일리아드와 오딧세이를 합한 길이의 약 7배가 된다. 마하바라따의 기본 줄거리는 꾸루의 자손들과 빤두의 자손(Pāṇḍava)들이라고 하는 같은 가문의 두 집안 사이에 일어난 왕권 계승권을 놓고 벌어진 충돌에 대한 것이다. 빤다바에 대해서 더 연민을 갖도록 묘사되어 있지만 꾸루 가문의 몇몇 구성원들은 존경받을 만한 반면 빤다바 가문의 몇몇 영웅들은 인간적 결점을 드러내기도 한다. 예를 들어 성인같은 특징을 지닌 유디슈티라(Yudhisṭhira)는 도박에 열정적으로 빠져 있다. 마하바라따의 두드러진 특징은 그것이 보여주는 인도 문화의 통합성이다. 이 큰 나라의 다른 지역의 문화적 전통들이 자부심과 연민으로 묘사되면서 통합된 인도 문화의 개념이 점진적으로 성장하고 있음을 분명하게 드러난다. 라마야나는 주로 위대하고 정의로운 왕 라마(Rama)에 대한 이야기이다. 그의 아내 시따는 스리랑카의 왕 라바나(Rāvaṇa)에게 납치되었다가 후에 라바나의 군대를 무찌른 라마에 의해 구출된다. 라마야나는 마하바라따보다 분량은 적지만 이것 역시 인도의 문화적 전통에 관한 자료들이 풍부한 보고이다. 마하바라따가 북인도 지배세력 간의 전쟁이야기라면 라마야나는 북인도의 영향력이 남부로 확장된 것에 대한 이야기라고 볼 수 있다.

이 두 서사시가 단지 기본 줄거리만 이야기하는 것이 아니라는 점은 그들의 분량을 통해 명백해진다. 많은 부수적인 이야기들이 주요 줄거리의 등장인물들에 의해 말해진 이야기 형태로, 때로는 재미를 위해, 그리고 전달하려는 내용(주제)의 비유(예시)를 위해 삽입되었다. 샤꾼딸라(Śakuntalā), 날라(Nala), 다마얀띠(Damayantī), 사비뜨리(Sāvitrī), 사뜨야반(Satyavān)에 관한 이야기들과 다른 수천 개의 재미있는 설화들이 이 서사시들, 특히 마하바라따에 등장한다. 안타깝게도 이 서사시들에 나타난 인도 문화의 핵심에 대해서는 여기서 자세히 논할 수 없고 다만 그들의 기본적인 종교적 요소에 관한 것으로 우리의 관심을 제한해야 한다.

이 서사시들은 대중적인 종교적 관습에 대한 지식의 중요한 자료들 가운데 하나이다. 앞의 장들에서 언급했던 대중 종교의 신앙과 전통의 일부는 이 서사시들에서 온 것이다. 특히 힌두철학의 라마야나-마하바라따 형태는 아바따라(avatāra)이론, 즉 신이 인간의 모습으로 화현한 것이다.[1] 서사시에 등장하는 두 명의 신의 화신들은 라마야나의 영웅 라마와 빤두의 아들들의 벗 끄리슈나이다. 베다의 상히따(Saṃhitā)에서 (태양, 폭풍, 불 등과 같이) 자연의 힘을 상징하는 초인적인 신들과 달리, 그리고 우빠니샤드에서 모든 것에 편재하는 무형의 브라흐만이 다양한 형태와 모습으로 자신을 드러내는 것과 달리, 서사시에 등장하는 아바따라는 신과 인간을 연결하는 인간적인 중개자들이다. 이 개념은 인도인의 종교 생

1) 기독교가 예수 그리스도라는 단 하나의 고유한 신의 화신만을 인정하는 것과는 달리, 힌두교인들은 신의 여러 화신들을 인정한다. 바가바드기따에서 신은 이렇게 말한다. '법(선)이 사라지고 악이 일어날 때마다 나는 스스로 몸을 받아 세상에 올 것이다. 정의를 지키기 위해, 악을 파괴하기 위해, 법(선)을 세우기 위해 나는 끝없이 태어난다'(제4장 7-8송). 일부 힌두인들이 이 교리를 글자그대로 받아들여 라마, 끄리슈나, 붓다와 같은 인물들을 실제 화신으로 인정하지만 다른 사람들은 그것을 유용한(훌륭한) 신화로 취급한다.

활에 큰 영향을 미쳤다. 여기서 신은 아무리 무식한 사람에게도 받아들여질 수 있는 모습으로 자신을 나타냈기 때문이다. 라마와 끄리슈나는 수 천년동안 사랑받고 존경받는 화신이었다. 어떤 면에서 우빠니샤드의 (아뜨만과 동일시되는) 편재하는 브라흐만에 대한 개념이 더 성숙한 정신의 산물이라는 것에는 의심의 여지가 없지만 아바따라 개념은 분명히 일상적인 인도인들의 마음에 더욱 큰 영향을 미쳤다. 마하바라따에서 화신으로 등장하는 크리슈나에 의해 브라흐만에 대한 우빠니샤드 이론이 다시 언급되고 (발전된다는) 점은 충분히 흥미롭다. 이것이 우리가 앞에서 언급했던 잘 알려진 바가바드기따이다. 힌두사상의 두 요소는 끄리슈나의 인격에서 명확하게 나타난다. 그는 때로는 추상적인 우빠니샤드 철학에 나타나 있는 편재하는 브라흐만을 말하기도 하고, 다른 때는 아르주나의 친구인 인간적 존재로 그에게 실질적인 충고를 하기도 한다.

서사시는 또한 도덕적 행위규범의 형성에도 기여했다. 우리가 라마에게서 발견하는 정직, 성실, 그리고 동료에 대한 사랑, 시따(Sītā)의 순결과 친절, 락슈마나(Lakshmaṇa)와 바라따(Bharata)의 형제애는 많은 세대에 걸쳐 행동의 전형이 되었다. 마찬가지로 마하바라따에서는 비슈마(Bhīshma)의 자기 희생, 유디슈티라(Yudhisṭhira)의 정직과 용서, 빤다바 형제들의 정의에 대한 사랑과 강자로부터 약자를 보호하려는 열정, 그리고 꾸루 편에 있던 까르나(Karṇa)의 관대함은 여러 세대 동안 수많은 인도인들에게 이상을 제공해왔다. 이러한 모든 등장인물의 성격이 인간적인 면에서 어떤 약점을 드러낸다는 사실이 그들을 더 사랑스럽고 진짜 사람처럼 여기게 만든다. 어느 단계에서 정의로운 왕 라마는 자신의 아내의 정조에 대해 잘못된 의심을 하고, 성자같은 왕자 유디슈티라는 도박에 빠지며, 영웅 아르주나는 자신의 위대함에 대한 자만심의 흔적을 남긴다. 이 모든 것들이 그들을 인간적으로 만든다. 이것은 또한 가장 고귀한 존재조차 약점을 가진다는 생각에 대한 인정과 관용을 받아들이는 힌두의 이상과 연결된다.

이러한 선한 도덕적 행위에 대한 사례 외에도 서사시는 도덕적 행위규범에 대한 많은 논의를 포함하고 있다. 기따는 우리에게 행위와 지식의 미덕에 대해 말한다. 인간의 노력은 그것의 결과물들을 약속하는 것이 아니라 그 자체 의무로서 취급되어야 한다고 말한다. 이를 통해 기따는 현대의 띨락(Tilak)과 마하뜨마 간디(Mahatma Gandhi)를 포함한 수백 세대의 인도인들에게 영향을 미친, 이기심없는 행위의 이상을 제시한다. 행위규범의 세부내용이 관련되는 한 가장 고무적인 논의는 마하바라따에 있는 샨띠(Śānti Parva)와 아누샤사나(Anuśāsana Parva)라는 장에서 찾을 수 있다. 그런데 서사시들은 베다시대에는 강하지 않았던 카스트제도에 대한 경직됨을 보여주는 반면에 낮은 카스트 출신의 영웅들도 상당히 많이 등장한다. 비두라(Vidura)는 꾸루 가문에서 가장 현명한 사람들 가운데 하나이지만 슈드라(Śudra) 하녀의 아들이다. 자부심이 강한 브라마나 까우쉬까(Kauśika)는 미틸라(Mithilā) 왕국의 종교적 도축업자에게 굴욕감을 느낀다(Mahabharata, Vana Parva, 206-14). 실제로 마하바라따의 작가(혹은 편집자)는 자신을 어부의 아들로 묘사하고 있다. 서사시들은 또한 드라우빠디(Draupadī)와 간다리(Gāndhārī)와 같은 주목할 만한 여성들을 묘사했는데 그들은 순결함과 남편에 대한 헌신 뿐 아니라 지혜와 정의, 그리고 때로는 용기까지 보여준다. 간다리는 빤다바 형제들과 싸우는 꾸루 형제들의 어머니이지만 빤다바 형제들이 정의롭기 때문에 그들에게 동정을 표한다. 그리고 그녀는 아들들과 함께 있을 때 자신의 남편이 나약하다고 꾸짖기도 한다. 아르주나의 아내 찌뜨랑가다(Citrāṅgadā)는 영웅적인 전사로 묘사된다. 하지만 이런 모든 것에도 불구하고, 마하바라따와 라마야나는 남성중심을 드러내고 그들이 묘사하는 사회는 확실히 가부장적이다. 특히 마하바라따에서는 일부다처제가 매우 일상적이지만 신기하게도 일처다부제의 사례도 하나 들어있다. 드라우빠디는 빤다바의 다섯 형제 모두와 결혼한다.

서사시들은 수천 년 동안 문학, 드라마, 노래, 민간설화(folk-lore)의 소재가 되어왔다. 이후의 대부분의 산스끄리뜨 작가들은 마하바라따로부터 이야기 주제를 취했다. 배우지 못한 사람들에게도, 서사시는 설화와 이야기의 보고였고 대부분의 민속 예술들이 그것의 영향을 많이 받았다. 그것은 점진적으로 인도적 영향들과 함께 인도네시아, 캄보디아, 태국 그리고 동남아시아의 다른 지역에까지 퍼져 나갔고, 그곳에서 예술, 문학, 드라마, 종교 등에 영향을 주었다. 서사시의 이야기들은 이러한 외국의 판본마다 약간의 변화가 나타나는데 이 변화의 이유를 추적하는 것은 흥미로운 연구이다.

이 서사시들이 뿌라나의 전부는 아니며 상당히 많은 종교적 의미를 지닌 다른 많은 문헌들이 있다. 그 가운데 가장 중요한 문헌은 아마도 비슈누 뿌라나(Vishṇu Purāṇa)와 바가바따(Bhāgavata)일 것이다. 전자는 스승 빠라샤라(Parāśara)와 제자 마이뜨레야(Maitreya)의 대화형식을 취하고 있다. 이 뿌라나의 가르침은 빠라샤라의 다음과 같은 말로 요약된다. '세상은 비슈누로부터 시작되었다. 그(비슈누) 안에서 세계는 조화로운 체계로 존재한다. 그는 세상의 유일한 유지자이고 지배자이며 진실로, 세계가 그이다'(Vishṇu Purāṇa I, i, 35). 설명에 따르면 신은 다양한 사람들에 의해 다양한 이름으로 불리지만 그는 일자이고 유일한 일자이다. 세상은 그의 유희(līlā)에 의한 현현이다. 속성이 없는(nirguṇa) 일자는 스스로를 색깔, 소리, 촉감, 그리고 다른 성질들로 가득 찬(saguṇa) 세상으로 기쁘게 표현한다.

바가바따의 철학은 비슈누뿌라나의 것과 근본적으로 같다. 그것은 이 세상이 비슈누의 현현이라는 것과, 하나의 영속적인 동일한 영혼을 브라흐만(Brahman), 빠람아뜨만(Param-Ātman; 최고의 아뜨만), 바가바뜨(Bhagavat: 축복받은 자 또는 주님)라고 부른다는 사실을 인정한다. 릴라 이론은 세계의 창조를 설명하기 위해 사용된다. 신의 인간적 화신인 아바따라 이론은 바가바따에서 중요한 역할을 한다. 아바따라가 셀 수 없을 정도로 많다고 주장하지만 끄리슈나는 가장 완벽한 신의 화신으로 특별한 대우를 받았다. 사실 이 뿌라나의 대부분은 끄리슈나와 그의 추종자들에 관한 것이다.

바가바따의 정치적·사회적 이념들은 학자들로부터 마땅히 받아야 하는 만큼의 주목을 받지 못했다. 이 이념들의 일부는 명백하게 현대적인 것처럼 보인다. 예를 들어 이 문헌에서 사람들은 필요한 만큼 사람에 기본적인 필수품들을 요구하는 권리를 가지며, 재산을 축적하는 것은 절도이며 처벌을 받아야 한다고 주장한다(Bhagavata, 7, 24, 8). 어떤 부분에서 바가바따는 상당히 합리주의적 사상을 드러내기도 한다. 베다에서 비의 신인 인드라(Indra)에게 풍년을 기원하며 기도하는 사람들에게 끄리슈나는 이렇게 말한다. '수증기를 머금은 구름은 어디든지 비를 내린다. 사람이 살고 있는 곳에도. 인드라가 무엇을 할 수 있는가?'(Bhagavata, 10, 24, 23). 종교적인 문헌으로서 바가바따는 매우 매력적인 삶의 철학을 비교적 자세하게 드러내고 있기 때문에 상당히 흥미롭다.

제15장 육파철학

인도 종교 사상은 수많은 철학들에서 스스로 그 모습을 드러내왔다. 힌두 신학의 입장에서 보자면 수뜨라(Sūtra) 시대의 철학들에 대한 연구는 상당히 흥미로운 분야이다. 대부분의 이 사상 학파들은 비록 그 체제의 기원이 아주 이른 시기, 때에 따라서는 약 기원전 800년 정도로 이른 시기까지 그 흔적을 더듬어 갈 수 있다고 할지라도, 대략 기원후 200년 이후에 완전하게 발전되었다.

수뜨라 시대의 주요 철학 체계는 니야야(Nyāya), 바이쉐시까(Vaiśeshika), 상캬(Sāṃkhya), 요가(Yoga), 뿌르와-미망사(Pūrva-Mīmāṃsa), 그리고 베단따(Vedānta)이다. 이들 중 니야야와 바이쉐시까가 동일한 그룹에 속하고, 상캬와 요가는 많은 부분 공통점을 띠고 있으며, 뿌르와-미망사와 베단따가 서로 연결되어 있다.

니야야는 주로 논리적 방법을 다루고, 바이쉐시까는 주로 세계의 본질에 대해서 논하지만, 각각 서로 상대방의 결론들을 받아들인다. 바이쉐시까는 니야야의 분석 방식을 사용하고 후자인 니야야도 전자인 바이쉐시까의 세계가 원자로 이루어져 있다고 하는 이론에 동의한다. 니야야 학파에 따르면 지식에는 네 가지 원천이 있는데, 지각(Pratyaksha), 추론(anumanā), 유추(upamāna), 그리고 성언량(śabda)이 그것이다. 인과론은 니야야 학파에서도 인정되지만 비원인적 선행사건들, 원인의 다수성 등에서 기인하는 문제들에 더 많은 관심을 기울인다. 추론의 과정이 상세하게 논의되면서 그 과정의 분석은 아리스토텔레스의 3단 논법적인 분석과 놀라울 만큼 유사하다. 예를 들어 막스 뮬러(Max Müller)와 같은 사람들은 이것을 우연의 일치로 간주한 반면 다른 사람들은 그것을 그리스인들이 인도인으로부터 차용했거나 또는 그 반대라는 사실에 대한 거부할 수 없는 증거로 취급했다. 이 주제에 대한 충분한 역사적 연구가 부재한 상황에서 어떤 것이 정확한 결론인지는 확정할 수 없다.

니야야의 첫 번째 중요한 주창자는 기원 전 3세기경에 살았던 가우따마(Gautama)였다. 그의 저서인 니야야 수뜨라(Nyāya Sūtra)는 그러한 접근에 대한 첫 번째 체계적인 해설서이다. 니야야의 역사는 두 시기로 나누어진다. 고대 니야야(古因明) 학파는 근대 니야야(新因明) 학파의 원조인 미틸라(Mithilā) 지역의 강게샤(Gaṅgeśa, 대략 기원후 1200)와 함께 막을 내렸다. 그의 땃뜨와찐따마니(Tattvacintāmaṇi)는 이 학파의 두 번째 시기의 가장 표준텍스트이다. 강게샤는 베단따(Vedānta) 학파의 일원이었던 슈리하르샤(Śrīharsha)가 외부 세계의 지식을 다루는 니야야의 방법론이 유효하지 않으며 이러한 방식은 진실로 사물이 존재하는지 아닌지를 증명할 수 없다고 하는 비판에 부분적으로 영감을 받았다. 그리하여 그는 그 분야에 보다 더 엄밀한 체계를 세우고자 노력했다. 니야야학파에 대한 다양한 비판들이 있지만, 이 학파가 틀렸음을 밝히기 위해 니야야학파의 추론방식을 사용하지 않았던 비판에 주목하는 것이 더 흥미롭다. 이것은 실제로 인도철학사에서 이 학파의 중요성을 분명하게 보여준다.

바이쉐시까 학파는 우주론에 더 많은 관심을 보인다. 모든 물질적인 대상은 네 종류의 원자들로 만들어졌다고 주창한다. 지, 수, 화, 풍의 이 원자들의 각기 다른 조합들이 서로 다른 물질들을 구성한다. 그러나 세계의 모든 실체들이 물질적인 것은 아니다. 사실상 아홉 가지 종류의 실체들이 있다고 주장하는데, 여기에는 네 가지 물질적 원자들과, 공간, 시간, 에테르(ākāśa), 마음, 그리고 영혼이 포함된다. 이 학파는 인격신을 인정한다. 그는 세계를 창조했지만, 무(無)에서부터는 아니다. 세계가 형성되기 전에도 실재하는 아홉 가지 실체들이 있다. 신은 이 실체들을 정연한 우주로 만들어 냈다. 신은 그러므로 세계의 창조자이지만, 그 구성 성분은 아니다. 그러므로 바이쉐시까 철학은, 무신론은 아니지만, 전통적인 힌두 신학의 대부분의 학파와는 다른 입장을 보인다. 사실상 이 학파에는 비정통적인 사상가들이 많았는데, 베단따의 위대한 사상가인 샹까라(Śaṃkara)는 바이쉐시까를 따르는 자들을 절반의 허무주의자인 아르다바이나쉬까(ardhavaināśika)로 묘사했다.

이 학파에서 주목할 만한 첫 번째 인물은 까나다(Kaṇāda, 약 기원전 3세기)로, 그의 바이쉐시까 수뜨라(Vaiśeshika Sūtra)는 니야야 학파의 니야야 수뜨라와 동일한 위치를 차지한다. 니야야와 같이 바이쉐시카도 또한 발전과정에서 두 단계를 거쳤다. 이 두 학파 체계의 발전은, 역사를 통틀어, 서로 아주 밀접하게 연결되어져 있다. 이들은 함께 상대적인 힌두 분석 철학의 지파를 대표한다.

상캬(Sāṃkhya) 학파는 기원전 7세기경에 살았던 것으로 추정되는 까삘라(Kapila)에 의해서 설립되었다. 이 학파의 체계는, 뿌루샤(puruṣa)와 쁘라끄리띠(prakṛiti)라는 우주의 가장 기본적인 두 범주를 인정한다는 점에서, 어떤 의미에서 이원론이라고 할 수 있다. 뿌루샤는 의식의 영원한 실체들인 자아 혹은 영혼들로 구성된다. 쁘라끄리띠는 모든 대상적 존재들의 토대인, 자연의 잠재력을 나타낸다. 이는 물질만으로 구성되는 것이 아니라, 질료적이고 정신적인 자연의 모든 원천들을 포함한다. 그러므로 쁘라끄리띠는 상캬가 주창하는 세계가 전변하는 데에 있어 근본적인 실체이다. 쁘라끄리띠의 이 전변은 오직 뿌루샤의 영향 아래에만 가능하며, 세계의 역사는 이 전변의 역사이다.

상캬는 인과론을 매우 강하게 믿으며, 실제로 쁘라끄리띠가 영원한 존재라고 추정하기 위한 필요성을 보여주기 위하여 이것을 사용한다. 왜냐하면 어떤 것(있음)도 무(없음)에서 나올 수 없기 때문이다. 그러나 상캬 학파는 원인과 결과는 서로 구별되는 다른 것이긴 하지만 결과는 항상 원인에 내재해 있다고 주장한다. 전자는 단지 후자의 다른 배열일 뿐이며 양자는 동일한 실체로 이루어져 있다. 항아리는 그것이 만들어지는 진흙 덩어리와는 다르지만, 이 둘은 동일한 실체로 구성되어 있다. 여기에는 실체는 파괴되지 않는다는 전제를 기저로 한다. 이러한 인과론의 관점은 니야야-바이쉐시까 학파에 의해서 강력하게 비판되었다. 이 둘 사이의 차이의 일부분은 말 뿐인 것이지만 인과론에 대한 각각의 관점의 차이에는 보다 실질적인 요인들이 존재한다.

상캬가 힌두 사상에 기여한 또 다른 중요한 공헌은, 세계를 구성하는 세 가지 성질들인 뜨리구나(triguṇa)설이다. 이 세 가지 특질은 삿뜨와(sattva; 가볍고 순수하며 조화로운 존재), 라자스(rajas; 힘과 열정), 따마스(tamas; 관성과 어둠)이다. 이 세 가지의 상반된 쁘라끄리띠의 특질들은 전변에서 서로 다른 역할을 한다. 삿뜨와는 주로 쁘라끄리띠의 현현과 그 전개의 유지를 책임진다. 라자스는 모든 행위들을 야기하며, 타마스는 무력함과 억제를 담당한다. 이러한 특질들은 서로 상반되더라도 이들은 모두 전변의 한 부분을 담당한다. 전변은 다양한 단계를 거쳐 이뤄진다. 제일 처음 마하뜨(mahat; 大)라고도 묘사되는 붓디(buddhi; 覺)가 전개된다. 다음으로 에고의 감정인 자아의식으로 전변한다. 점진적으로 다섯 가지 인식기관, 행위기간, 그리고 통제된 마음으로 발전한다.

신체의 속박에서 벗어나는 해탈을 위해서 필요한 것은, 자아와 비자아인 뿌루샤와 쁘라끄리띠 사이의 차이에 대한 지식이다. 자아는 스스로를 지성을 뜻하는 붓디와 혼동하는 경향이 있다. 이러한 차이에 대한 지식이 성취되면, 영혼은 더 이상 쁘라끄리띠에 의해서 속박되지 않는다. 인간은 세상에서 일어나는 일들에 대해 무심한 목격자가 된다. 그리고 죽음에 이르러서 뿌루샤와 쁘라끄리띠 사이의 속박은 완전히 사라지고 해탈된 영혼은 다른 영혼들과는 다르게 윤회에서 자유롭게 된다. 상캬 철학에 따르자면, 속박은 무지에서 기인한 것이며 해탈은 지식을 통해 다가온다.

상캬는 무신론적 철학으로 말해졌지만 이것이 완전하게 옳다고 할 수는 없다. (까삘라에게 속한) 상캬쁘라바짜나 수뜨라(Sāṃkhyapravacana Sūtra)는 신의 존재 자체를 부정하는 것은 아니었지만, 신의 존재를 가정하는 것이 필요하지 않다고 보았다. 신의 존재는 증거를 통해 증명할 수 없다는 입장을 고수한다. 후기 상캬 철학자들은 이러한 불가지론적인 입장을 포기하는 것처럼 보이면서 신의 존재가 인정된다. 비갸나빅슈(Vijñānabhikshu)는 심지어 베단따의 입장과 상캬의 관점을 통합하려고 시도한다.

요가의 철학적 토대는, 인격신을 체계 안에 도입한다는 점을 제외하면, 상캬의 것과 동일하다. 신은 전변의 과정을 주재하고, 우리가 예상하는 것처럼 전지전능하다. 주기적으로 신은 우주를 소멸시키고, 그리고 다시 전변의 과정을 개시한다.

실제로, 요가의 수행 체계는 몸과 마음의 실행으로 이루어진다. 그것은 그것들을 전혀 실천하지 못하는 매우 힘든 수행법을 포함한다. 이 세상에서 마음과 몸을 좀 더 건강하게 만드는 것 외에 이 수행법들은 해탈에 도움이 되는 것으로 여겨진다. 상캬의 체계와는 다르게, 요가학파는 해탈이 오직 지식에서만 나온다는 사실을 믿지 않는다. 마음과 몸의 수행은 그 과정에 한 원인이 되는 것으로 여겨진다. 정신집중의 다양한 방법들은 우리가 쁘라끄리띠에 의존하게 만드는 속박을 증가시키는 그러한 정신적인 행위들을 억제하는 방법들과 마찬가지로 권장된다. 요가의 수행체계는 아직도 인도에서 매우 일반적으로 행해지고 있다. 요가가 해탈을 추구하는 것과는 별개로 마음과 몸을 건강하게 유지하는 유용한 방법으로 그것을 찾는 사람들이 있다. 놀랍게도 역사 속에서 예전 시기에도 그랬던 것처럼 오늘 날에도 유럽인들을 포함하여 초자연적인 힘들을 즉각적으로 개발할 수 있다는 호소력있는 약속에 끌리는 사람들이 있다.

이제 마지막 그룹인 뿌르와-미망사와 베단따를 살펴볼 수 있다. 전자의 주요 문헌은 자이미니(Jaimini, 약 기원전 400년경)가 쓴 뿌르와-미망사 수뜨라(Pūrva-Mīmāṃsā Sūtra)이다. 이것은 학구적인 작품으로 전적으로 베다의 해석에 국한된다. 이 학파의 철학은 주로 다르마(올바른 행위)의 본질을 탐구하는 데 초점이 맞춰져 있다. 이 학파는 베다가 다르마의 오류가 없고 유일한 권위를 가지고 있는 것으로 인정하고 있기 때문에 이 학파를 충분히 정통학파라고 부를 수 있을 것이다. 이 학파의 관심은 사변적인 것보다는 보다 실용적인 데 두고 있으며, 그 중요성은 철학적인 학파라고 하기 보다는 베다들을 해석하는데 유용한 체계라는 점에 있다.

아마도 인도 철학 체계 중에 가장 영향력이 있었으면서 아직까지도 그 힘이 지속되고 있는 것은 베단따(Vedānta)이다. 그것은 우빠니샤드(Upanishad)에서 나왔으며, 주된 주제는 브라흐만(Brahman)에 대한 우빠니샤드적인 교리이다. 이 학파의 창시자는 바다라야나(Bādarāyaṇa)로 그는 우빠니샤드와 바가바드기따와 함께 베단따 체계의 토대를 이루는 브라흐마 수뜨라(Brahma Sūtra, 또는 웃따라-미맘사 Uttara-Mīmāṃsa라고 불리는)를 저술했다. 베단타의 가장 유명한 주창자는 의심할 바 없이 기원 후 8세기경 남인도에서 살았던 샹카라(Śaṃkara)였다. 베단따 학파에는 주요한 두 가지 분파가 있는데, 하나는 그 관점에서 엄격하게 불이론(advaita)적인 것이고, 다른 하나는 다양한 과정을 받아들이는 이원론(dvaita)이다. 샹카라는 이 학파의 전자의 분파인 불이론에서 가장 유명한 인물이다.

매우 엄격한 일원론의 신봉자였던 가우다빠다(Gauḍapāda)는 시대적으로 샹까라에 앞선다. 그는 외부 세계는 비실재이며 오직 브라흐만 만이 유일한 실재라고 단언했다. 외부의 대상들은 순전히 주관적인 것이며, 깨어있는 상태에서의 우리의 경험은 꿈과 거의 다르지 않다. 온 세상은 거대한 환영이며 브라흐만 외에 아무것도 존재하지 않는다. 불교의 정신적 절대론자인 나가르주나(Nāgārjuna)와 마찬가지로 가우다빠다도 변화의 가능성이나 인과론의 타당성을 부정한다. "파괴도 없고 창조도 없으며, 속박된 것도 없고 (해탈을 위한) 노력도 없으며, 해탈을 열망하는 것도, 해탈된 자도 없다. 그것이 바로 절대적인 진리이다."

샹까라의 입장은 이보다는 덜 극단적이다. 그는 브라흐만과 아뜨만의 동일성을 주창하고 세계가 절대자 밖에 있다는 사실을 부정할 지라도, 세계가 순전히 환영인 것으로 묘사하는 것을 인정하지 않는다. 깨어있는 경험들은 꿈과는 다르고 외부 대상들도 단순히 개인의 의식의 형태가 아니다. 샹까라는 세계의 출현을 비유를 통해서 설명한다. 인간은 이 밧줄을 뱀으로 착각할 수 있다. 뱀은 거기에 존재하지 않지만 그렇다고 전적으로 미혹도 아니다. 왜냐하면 거기에 밧줄이 있기 때문이다. 뱀의 출현은 밧줄이 확인될 때까지 지속된다. 세상은 뱀에 그리고 브라흐만은 밧줄에 비교될 수 있다. 우리가 참된 지식을 얻으면 세상이 단지 브라흐만의 현현이라는 것을 인식하게 된다. 세계는 실재하는 것도 아니고 실재하지 않는 것도 아니다. 그것은 단지 브라흐만의 존재에 기초한 출현이다. 브라흐만과 세계 사이의 정확한 관계는 표현할 수 없는 것으로 때때로 마야(māyā; 미혹)로 언급된다.

브라흐만에 대한 이해할 수 있는 진술은 반드시 경험적인 형식들을 사용해야 한다. 현명한 자는 이러한 형식들을 사상을 구체화하는데 필수적인 것들로 인식하지만, 어리석은 이는 그것들을 실질적인 참으로 여긴다. 그는 또한 브라흐만과 세계 사이의 관계를 역전시킬 수 없다는 사실을 인정해야 한다. 브라흐만이 없이 세계는 존재하지 않지만, 브라흐만의 존재는 세계의 출현에 의존하지 않는다. 그것은 마치 뱀의 출현이 밧줄의 존재에 기인하지만, 그 반대는 성립되지 않는 것과 같다.

개별적인 영혼인 지바(jīva)는 브라흐만의 특정한 현현이다. 모든 괴로움의 근원인 무지(avidyā) 때문에 에고의 느낌이 존재한다. 최종 목적은 해탈이며 그것은 자아와 절대자의 일자성에 대한 (단순한 이론적 수용이 아니라) 실질적인 깨달음을 통해서 성취된다. 만약에 이러한 상태에 도달하게 되면, 그는 살아있는 동안에 깨달은 자인 지반-묵따(jīvan-mukta)가 된다. 모든 것의 일자성을 깨달은 이의 삶은 이타적인 봉사가 된다. 그리고 죽음을 통해 속박에 벗어나는 것이 완전해진다. 물질적인 신체를 버리고, 영혼은 완전하게 자유롭게 된다.

우빠니샤드에 대한 어느 정도 다른 해석들이 몇몇 후기 베단따 학자들에 의해서 제시되었다. 두 명의 바이슈나바(Vaishṇava) 학자들인 라마누자(Rāmānuja)와 마드와(Madhva)는 가끔 이원론(dvaita)이라고 불리는 베단따의 지파 가운데 가장 중요한 인물들이다.[1] 라마누자의 철학은 실질적으로 비이원론 교설의 다른 버전이다. 그것에 몇 마디 덧붙이자면 그는 이 세계와 아뜨만(Ātman) 그리고 신(Īśvara)은 다르지만, 분리되지 않는다고 주장했다. 개별적인 영혼들과 구체적인 세계는 신의 몸과 같고, 이 둘을 소유한 이슈와라(Īśvara)는 브라흐만이다. 그러므로 모든 것은 브라흐만 안에 있지만, 여전히 개별 영혼들은 이슈와라와는 다르다. 이후에 살펴보겠지만, 이러한 이론은 예를 들어 지식보다는 헌신을 통해 신(God)에게 접근하는 박띠(Bhakti) 운동의 지성적 수용에 도움을 주었다.

라마누자는 11세기에 속했으며, 마드와(Madhva)는 13세기에 살았다. 마드와는 브라흐만(Brahman)과 개별적 영혼인 지바(jīva)의 이원론을 믿었다. 그러므로 그의 철학을 이원론(Dvaita)이라고 불린다. 실제로 그는 또한 제3의 실체인 브라흐만, 혹은 신(Vishṇu)은 당연히 완전하고 완벽하며, 최상의 실재이지만, 세계 또한 실재한다고 하는 입장을 도입함으로써, 물질적인 세계의 존재도 인정했다. 샹카라와 마드와의 철학 사이의 차이점은 쉽게 알 수 있

1) 라마누자의 사상은 제한적불이론(viśiṣtāduatia)이라고 불리며 마드바의 이원론과는 구별된다 - 역자 주

다. 우리가 상상할 수 있듯이, 바이슈나바(Vaishṇava) 운동은 마드와(Madhva)의 공헌 덕분이다.

앞에서 힌두 철학의 주요 체계들에 대해 간략하게 그러나 결과적으로 매우 불완전하게 살펴보았다. 각기 다른 이 학파들 사이에 광범위한 차이점들이 있다는 것을 알 수 있을 것이다. 그 안에서 우리는 일원론, 이원론, 범신론, 심지어는 불가지론까지도 볼 수 있었다. 몇몇은 무로부터 신에 의해서 세계가 창조되었다고 주장한다. 다른 이들은 실체들은 언제나 존재하는 것이며 신은 단지 그것들을 질서지워진 우주로 만들 뿐이라고 주장한다. 또 다른 이들은 필연적으로 신이 존재하지 않고도 세계와 삶의 발전이 푸루샤(purusha)의 영향 하에서 자연의 전개 과정과 같은 것으로 본다. 또 다른 이들은 세계는 전혀 실재하지 않는 신의 어떤 한 양상일 뿐이며, 전적으로 실질적인 창조는 없다고 여긴다. 서로 다른 종교 지도자들은 각기 다른 학파에 속했으며, 대부분의 힌두인들은 상호 관용적인 태도 덕분에 폭력적인 갈등이나 박해가 없었다는 사실에 오히려 자부심을 갖는다. 이것은 하나의 이론이 모든 신비들을 설명할 수 있다고 주장할 수 없으며 포용은 혼란보다 지혜에 더 잘 어울리는 길일 수 있는 분야이기 때문이다.

제16장 인도 밖의 힌두이즘

인도의 종교와 문화가 동남아시아로 퍼지기 시작한 것은 기원전 1000년 중엽부터였다. 일찍부터 인도는 자바, 수마트라, 캄보디아, 미얀마, 말레이시아(말라야), 태국 및 인근의 여러 국가들과 광범위한 상업적인 접촉을 해왔다. 한편으로는 이러한 무역을 통해, 다른 한편으로는 정치적 정복을 통해, 그리고 인도 식민지 주민들의 이주를 통해 힌두문화가 이 지역으로 퍼져나갔다.

라마야나는 동남아시아에서 수바르나-드위빠(Suvarṇa-dvīpa; 황금의 섬)와 야바-드위빠(Yava-dvīpa; 보리의 섬)와 접촉했다고 언급한다. 이러한 이름으로 언급되는 지리적 장소를 정확히 파악하는 것은 어렵지만 후자는 아마도 자바섬을 말하고 전자는 수마트라섬과 말레이반도를 말하는 것 같다. 또 뿌라나에는 말라야-드위빠(Malaya-dvīpa)에 대해서 언급한다. 중국의 왕조실록에 따르면, 기원후 1세기에 푸난(Funan)이라고 불리는 힌두왕국이 까운디냐

(Kauṇḍinya)라는 브라흐마나에 의해 캄보디아에 세워졌다고 말한다. 또 중국인들은 힌두교 국가들이 2세기부터 말레이반도에 존재했다고 기록한다. 같은 세기에 캄보디아 위쪽 인도차이나 해안 지역을 따라 위치한 짬빠(Campā, 린이Lin-yi 왕국과 같은) 왕국을 언급하기도 했다. 기원후 400년 이전부터 존재한 산스끄리뜨 비문은 짬빠왕국이 한 힌두 법률가에 의해 인도화되었음을 보여준다. 태국에서 지금까지 발견된 가장 오래된 인도화된 유물은 인도에서 2세기에서 4세기 사이에 번성했던 아마라바띠(Amaravati) 양식의 작은 청동불상이다.[1] 미얀마 연대기(Burmese Chronicle)에는 기원전 3세기 인도의 아쇼까 황제가 미얀마에 불교 포교사들을 파견했다고 기록한다.[2] 일부 역사학자들은 이 기록의 진위여부에 대해 의문을 제기했지만 인도와 미얀마간의 교류가 매우 일찍 시작되었음은 틀림없다.

시간에 흐름에 따라 동남아시아의 서로 다른 지역들 간의 정치적 중요성이 변화했다. 기원후 몇 세기 동안은 푸난(캄보디아)이라는 인도화된 왕국이 이 지역에서 가장 강력한 국가였다. 그 왕국이 쇠퇴한 이후에는 수마트라에 위치한 슈리비자야(Śrivijaya) 왕국이 부각되었다. 8세기에 힌두인 왕 산자야(Sañjaya)는 자바에 강력한 국가를 세웠다. 8세기 말 이곳은 샤일렌드라(Śailendra)인들에 의해 불교왕조로 교체되었다. 그들은 스스로를 슈리비자야의

1) 인도 남동부 안드라지역에서 성행했던 뛰어난 예술 양식으로 스리랑카와 동남아시아 지역에서도 발견된다.- 역자 주

2) 1989년 미얀마 군부정권은 영국식민지시대의 잔재를 없앤다는 이유로 버마를 미얀마로 바꾸었지만 군사정권을 인정하지 않는 반대그룹에 의해 버마라는 명칭이 그대로 사용되기도 한다. 이후 2016년 4월 아웅산 수치가 두 가지 명칭 가운데 어느 것을 사용해도 된다고 선언함으로써 두 명칭이 공식적으로 인정되었다. 하지만 현재 2010년 미얀마 연방공화국이라는 공식적인 국가명칭표기에 따라 이 책에서는 모두 미얀마로 바꾸었다.- 역자 주

마하라자(Mahārājā)들로 취임시켜서 거대한 제국을 통치하였다. 하지만 9세기에 자바에는 힌두왕국들이 다시 부활했다. 마따람(Mataram) 왕국은 11세기 초에 슈리비자야에 의해 패망했다가 11세기 말에 다시 부활했다. 14세기 경에 자바 동부에 위치한 힌두왕국 마자빠히뜨(Majapahit)는 상당히 중요한 나라로 부상하였다.

캄보디아의 크메르(Khmer)왕국은 6세기에 푸난을 정복했다. 크메르인들은 얼마동안 샤일렌드라의 영향을 받았으나 9세기에 이르러 앙코르(Angkor) 왕조를 세운 자야바르마나(Jayavarmana) 2세의 통치아래 국력을 회복했다. 이 국가는 대부분 힌두교였지만 대승불교의 신봉자들도 있었다.

미얀마에서 인도의 영향력이 확산된 것은 주로 미얀마 남부 몽(Mon)족을 통해서였다. 가장 강력했던 미얀마 왕조는 불교국가인 파간(Pagan)왕조였다. 그 왕조의 가장 위대한 왕 아누라타(Anuratha)는 11세기에 살았으며 14세기 몽고의 침입으로 멸망하였다.

13세기부터 동남아시아에 미치는 이슬람의 영향력이 커지면서 곧 자바, 수마트라 그리고 그 지역의 다른 몇몇 나라들이 이 새로운 신앙을 받아들였다. 흥미로운 것은 힌두교, 불교와 마찬가지로 이슬람교 역시 인도에서 전해졌다는 것이다. 브라이언 해리슨(Brian Harrison) 교수는 다음과 같이 말한다.

> 페르시아와 아랍의 상인들은 [이슬람이 탄생한 후 700년]의 모든 시간 동안 그곳의 항구들을 계속해서 방문했고 이슬람의 지식도 전파했지만, 인도 무슬림들이 신앙을 보여주고 나서야 비로소 받아들여졌다. 동남아시아가 상업적인 명망과 결합된 문화적 영감을 기대했던 대상은 페르시아나 아랍이 아닌 인도였다. 따라서 섬들 사이에서 그리고 말레이시아 반도에서 이슬람교가 수용되기 위해서는 인

도와 동남아시아 사이의 해상 무역에 열중했던 인도인들이 이슬람교를 믿을 때까지 기다려야 했다. 이러한 조건이 충족된 것은 13세기 이전까지는 아니었다.[3]

이 지역에 이슬람의 영향력이 퍼진 것은 주로 구자라띠(Gujarati) 상인공동체를 통해서였다. 하지만 이곳의 (예를 들어 발리 같은) 일부 지역은 힌두교로 남아 있었으며, 미얀마, 인도차이나, 태국에서는 당연히 불교가 계속 번성했다. 이슬람으로 개종한 지역에서도 힌두교와 불교문화는 예술, 문학, 신화, 그리고 어느 정도 생활 풍습을 통해 계속해서 살아있었다.

힌두교가 동남아시아에 끼친 영향을 연구함에 있어서, 우리는 힌두인들을 통해 소개된 종교적인 믿음과 실천뿐만 아니라 힌두교 문학, 조각, 건축, 그리고 산스끄리뜨어가 그 지역의 문화에 미친 영향도 함께 조사해야 한다. 이 국가들 대부분의 문자작법이 인도의 영향을 받은 것으로서 그들의 문자는 주로 북인도나 남인도 문자에 기초하고 있다. 또 그들 언어의 어휘는 해당 언어학 연구를 통해 명백하게 밝혀졌듯이 산스끄리뜨어(혹은 빨리어) 단어들을 포함함으로써 더욱 풍부해졌다. 이러한 산스끄리뜨어의 영향은 종교와 밀접하게 연관되어 있는데, 산스끄리뜨어 혹은 빨리어를 공부하는 주된 이유 중 하나는 힌두교와 불교 문헌을 읽기 위한 것이었다. 비종교적 문헌을 포함한 산스끄리뜨어 문헌의 연구는 부분적으로 이러한 열망의 부산물이었다.

힌두교와 불교의 건축과 조각이 이 나라들의 예술에 미친 영향은 잘 알려져 있다. 보로부두르(Borobudur), 라라-종그랑(Lara-Jong-

3) *South-east Asia*. London, 1954, p. 43.

grang), 앙코르와트(Angkor Vat) 그리고 아난다(Ananda)에 있는 장엄하고 아름다운 사원들이 이러한 예로서 그 조각상들은 인도 신화에 나오는 신들의 이미지이다.

힌두교의 형태에 있어서는 대부분 쉬바를 전지전능한 신으로 숭배하는 것이 일반적이었던 것으로 보이지만 일부 왕조에서는 비슈누가 더 주목받기도 하였다. 자바에 있는 라라-종그랑의 중심 사원은 쉬바를 위한 것이지만 웅장한 앙코르와트는 비슈누파가 세운 것이다. 불교와 힌두교 사이에는 어떤 충돌도 없었으며 많은 사원들에는 붓다의 형상과 힌두교 신화의 인물들이 함께 존재한다. 이 시기 힌두교와 불교는 인도에서도 어떠한 분쟁 없이 공존했고, 이러한 타협과 동화의 과정은 동남아시아에서도 똑같이 관찰할 수 있다.

인도가 동남아시아에 미친 영향에 대해 논할 때 불행하게도 가끔 그러하듯이 이런 위대한 문화의 꽃을 피울 수 있게 한 것이 이 지역 출신의 뛰어난 기술자들임을 잊어서는 안된다. 영감을 준 것은 힌두교나 불교였고, 기술을 처음 전한 것도 인도인이었지만 그 문화를 그만큼 번성하게 만든 것은 전 지역주민들의 뛰어난 재능이었다. 예를 들어, 초기 크메르 예술은 매우 밀접하게 인도의 전통을 따랐지만, 앙코르 시대에는 인도에서 만들어진 것과는 뚜렷하게 구별되는 스타일로 진화했다. 이와 유사하게 힌두교에 대한 믿음도 이 지역의 신앙은 인도의 힌두사상의 주류와 어느 정도 차이가 있었다. 예를 들어, 중부 자바에서는 아가스띠야(Agastya) 의식이 꽤 흔했다. 아가스띠야는 인도인의 모습을 하고 있고 인도신화에서 위대한 성자로 주목받는 인물이다. 그러나 그는 자바에서 인도에서는 누리지 못한 신성을 획득한 것처럼 보인다. 이러한 맥락에서, 동남아시아에 있는 힌두 왕들 중 일부는 인도에서 그들에 대응하는 사람들이 했던 것보다 더 자신들을 신격화하는데 성공했다고 말해도 좋을 것이다. 마찬가지로 13세기 자바에서 유행한 쉬바-붓다(Śiva-Buddha) 의식은 인도의 딴뜨라 불교의식과 어느 정도 비슷하긴 하지만 별개의 종교학파이다.

학문과 학구적인 추구에 있어서 동남아시아는 상당한 공헌을 했다. 특히 고대에 많은 학자들이 배우기 위해 인도로(특히 동비하르주에 있는 날란다대학으로) 갔다. 그러나 동시대에 동남아시아의 일부 교육센터들은 인도와 다른 외국의 학생들이 배우기 위해 그곳으로 갔을 정도로 훌륭했다. 유명한 중국 승려 의정(義淨, I-tsing)은 671년 인도로 가는 도중에 수마트라에 있는 슈리비자야를 방문하여 6개월간 그곳에서 산스끄리뜨 문법을 공부하였다. 또한 아띠샤(Atīśa)로도 알려진 디빵까라 슈리갸냐(Dīpaṅkara Srījñāna)는 티베트 불교를 개혁한 위대한 인도 불교 논사로 유명한데, 그 또한 1011년부터 1023년까지 수마트라에 있는 승단의 장이었던 다르마끼르띠 밑에서 수학했다고 말해진다. 따라서 동남아시아에서의 힌두교와 불교의 성공은 순수한 인도의 공헌이 아니라 힌두교와 불교의 영감에 기초한 동남아시아의 성취로 간주해야 한다.

이런 맥락에서 동남아시아 문화의 결과들을 가지고 극동아시아 불교에 끼친 힌두교의 공헌을 비교하는 것은 흥미로운 일이다. 중국이나 한국 그리고 일본의 불교와 관련한 힌두교의 역할은 기독교와 관련한 유대교의 역할과 비슷하다. 그들은 그것을 낳았지만 (긴 안목으로 보면 인도인들의 경우에서처럼) 그것을 받아들이지는 않았다. 오히려 동남아시아와 관련한 인도의 역할은 서양 문화에 대한 그리스와 로마의 역할과 더 유사하다. 인도는 동남아시아에서 그 출신 전문가들에 의해 발전되었던 융성한 문화에 대한 기술과 영감의 기초를 제공했다.

제17장 박띠 헌신의 학파

힌두 종교의 세 갈래 가운데 지식의 길(jñāna)은 메마르고 어려운 경향이 있는 반면 (종교적 실행인) 행위의 길(karma)은 가끔 배타적이었다. 그렇기 때문에 헌신의 길인 박띠(bhakti)가 커다란 대중성을 누린 것은 놀랄 일이 아니다. 이 종단의 종교적 표현은 사랑과 숭배에 있으며 그것은 초월적인 추상적 존재보다는 오히려 최고의 인격신에 대한 믿음을 나타낸다. 자연스럽게 이 사상학파는 신학의 복잡한 내용들과 크게 연관되지 않았다. 그것은 우빠니샤드(Upanishad), 상캬(Sāṃkhya) 또는 아드바이따 베단따(Advaita Vedānta)의 가르침과 비교하면 덜 학문적이다. 여기서 신은 강력하게 사랑할 만한 창조주로 간주되면서 박띠운동은 모든 곳에 존재하는 브라흐만에 관한 조용한 사색보다는 생동감 넘치는 종교적 활기를 이끈다.

박띠운동은 주로 비슈누(Vishṇu)와 쉬바(Śiva) 신 중심으로 진행

된다. 쉬바는 비아리아 기원에 속하는 것으로 보인다.[1] 상대적으로 적지만 베다에는 비슈누에 관한 찬가들이 존재한다. 그리고 그의 대중성 역시 몇몇 비아리아 신과의 동일시에서 비롯될 수 있었던 것으로 믿어진다. 그렇기 때문에 박띠운동은 비아리아인적 뿌리를 갖고 있는 것처럼 보인다. 실제로 빠드마뿌라나(*Padmapurāna*)는 박띠가 드라비다인의 땅에서 나온 것이라고 말한다. 박띠운동이 브라흐마나 사제계급들에 의해 오랫동안 반대되었다는 사실은 의심할 바 없다. 왜냐하면 박띠운동이 갖는 전통 종교 의식들에 대한 무시와 카스트 제도에 대한 무관심은 브라흐마나 사제 계급들을 불쾌하게 만들었기 때문이다. 하지만 후에 그 운동 자체가 상대적으로 더 정통이 되었다. 브라흐마나 사제계급들의 많은 수가 박띠운동에 참여했다.

마하바라따(Mahābhārata)에는 바이슈나바(Vaishṇava; 비슈누에 대한 헌신자들) 종파들에 대한 언급이 들어있다. 그러므로 바이슈나바 운동은 상당히 오래되었음이 틀림없다. 기원전 2세기 우리는 또한 비슈누에 대한 그리스인 헌신자 헬리오도루스(Heliodorus)에 대한 이야기를 듣는다. 바가바드기따(Bhagavad-Gītā)의 끄리슈나(Kṛishṇa; 어원적으로는 검다는 뜻)는 비슈누의 화신으로 간주된다. 끄리슈나 숭배는 맨 처음 마투라(Mathurā)와 드와라까(Dvārakā) 지역 사이에서 유목생활을 했던 것으로 보이는 아비라(Ābhīra) 종

1) 고대 인도역사에 대한 대부분의 다른 진술들과 마찬가지로 이것 또한 의문시될 수도 있다. 이에 대해서는 *The Cultural Heritage of India*, Ramakrishna Centenary Committee II권, 20-3쪽에 있는 K. A. Nilakanta Sastri의 An Historical Sketch of Śaivism을 볼 것. 빤디뜨(Pandit) Nilakanta Sastri는 샤이비즘의 시원이 베다 이전의 비아리아 전통에서 비롯된 것이라는 진술을 의심한다. 하지만 그는 샤이비즘 속에 비아리아적 요소들이 상당히 많이 들어있다는 사실은 인정한다.

족에 제한되었던 것일 수 있다. 끄리슈나와 연관된 매우 많은 전설적인 민담설화들이 존재한다. 그의 기원을 어떤 대중적인 신에서 찾을 수 있다는 주장은 매우 그럴듯하다. 후에 끄리슈나, 비슈누 그리고 나라야나(Nārāyaṇa) 모두가 한 신으로 합쳐진 것처럼 보인다. 후에 비슈누는 여전히 헌신자들의 한 학파에서 다른 학파의 쉬바와 마찬가지로 절대자와 동의어가 된다. 헌신을 강조하는 빤짜라뜨라(Pañcarātra)[2]의 교리는 비슈누의 많은 화신들의 관념을 인정하는 바이슈나비즘의 한 분파이다. 물론 끄리슈나는 가장 잘 알려진 화신이다. 그러나 라마야나(Rāmāyaṇa)의 라마(Rāma) 역시 화신으로 인정되며 뿌라나의 설명에 따르면 붓다(Buddha)를 포함한 10명의 화신들이 언급된다. 받아들일 수 없는 비아리아인 신에서부터 라마와 끄리슈나 그리고 심지어 붓다조차도 그의 화신들로 받아들여 절대적 초월자의 위치에 이르는 비슈누의 흥기는 신화적 전개에서 흥미있는 이야기이다.

남인도 따밀(Tamil) 사람들 사이에는 알바르(Ālvār) 성자들의 작품들 속에서 오래된 고대의 박띠 전통이 존재한다. 그들 가운데 가장 초기의 것은 베다 이전 시대에 속한다고 주장되었다. 그것은 매우 의심스럽지만 그 전통은 확실히 오래되었다. 그들 가운데 마지막 것은 8 또는 9세기 경의 것으로 알려져 있다. 대부분의 알바르 성자들은 낮은 카스트 출신이기에 그 운동은 한동안 정통 브라흐만의 힌두이즘에서 소외된 사회의 낮은 계층들에 제한되었을 수 있다. 후에 상위 계급의 바이슈나바들조차도 띠루 바이몰리(Tiru Vāymoli)의 것과 같은 그들의 문헌을 매우 중요한 종교

2) 기원전 1000년 말경에 시작된 인도의 종교운동으로 나라야나를 비슈누의 화신으로 간주하며 후에 고대 바가바따 전통과 융합하여 바이슈나비즘의 발전에 공헌했다. - 역자 주

적 작품으로 인정하도록 강요받았다. 라마누자(Rāmānuja)는 그들의 작품을 바이슈나바들의 베다로 인정했다. 알바르들 가운데 한 사람인 안달(Anḍāl)은 낮은 카스트의 여성이었다. 그녀가 카스트가 지배하는 남성중심사회에서 종교지도자로 후에 인정되었다는 사실은 박띠운동에 대한 대단한 인정이다. 알바르들의 전통에서 보면 나타무니(Nāthamuni), 알반다르-야무나짜르야(Alvandar-Yāmunācārya) 그리고 삘레이-로까짜르야(Pilley-Lokācārya: Arthapañcaka의 저자, 1213)와 같은 그들의 추종자들을 통한 박띠운동은 그것이 라마누자의 작품들 속에서 설득력있는 표현으로 드러날 때까지 점진적으로 발전했다.

알바르 기도자들은 단순하며 박띠학파에서 전통적으로 종교적 헌신에 충만하다. "신이여, 우리는 당신을 알 수 있는 힘을 가지고 있지 않습니다. 우리의 삶이 결코 당신으로부터 방향을 바꾸지 않도록 해주소서." 나타무니, 야무나짜르야와 같은 후기 박띠 철학자들은 보다 학적으로 되면서 알바르들의 궁극적인 단순함이 결여된 것처럼 보인다. 샹까라의 베단따 학파와는 달리 라마누자는 개별적 자아가 신과 구별되는 다른 것으로 보았다. 그의 접근은 앞에서 이미 언급했듯이 순수 아드바이따 학파의 것과는 다르다. 그는 또한 헌신보다 지식에 덜 관심을 기울였으며 주된 문제는 무지가 아니라 불신(불신앙)이었다.

바이슈나바 박띠 운동은 또한 남인도 이외의 다른 지역에서도 성장했다. 라지뿌뜨(Rajput)의 여성 헌신자인 미라 바이(Mīrā Bāi; 1504)의 헌신의 노래들은 잘 알려져 있다. 그들의 대중성은 4세기 반 동안 전혀 감소감소되지 않은 것처럼 보이며 심지어 오늘날에도 미라의 노래들은 매우 대중적으로 불리고 있다. 마하바라따에서는 빗탈라(vitthala)라고 불리고 비슈누의 숭배자들이었던 나마데바(Nāmadeva)와 뚜까라마(Tukārāma)가 나타난다. 나마데바는 아마도 14세기에 태어난 재단사였을 것이다. 우리는 나마데바의 스승이 나마데바에게 한 다음과 같은 이야기에 대해서도 듣는다. “돌로 된 신상은 말하지 않는다. 그 속에 들어있는 신을 보라. (순례의 장소인) 띠르타(tīrtha)들은 죄를 씻을 수 없다. 대신 네 마음을 정화하라. 단식이나 다른 서약의 준수들은 그대가 정화되지 않는 한 쓸모없다. 만일 사랑이 그대의 마음 속에서 깨어나지 않는다면 어떤 의식들이 소용 있겠는가?” 나마데바 역시 박띠 학파의 신에 대한 단순하고 직접적인 접근을 믿었다. 그는 노래했다. “모두를 품는 것은 일자인 신이다. 신이여, 당신은 어디에나 계신데 왜 쓸데없이 당신을 찾습니까?”

뚜까라마는 17세기에 살았던 것 같다. 그는 가난한 소작농 집안 태생이었다. 그는 다음과 같이 노래했다. “그대, 위대한 분이시여, 당신의 장엄함은 모든 표현을 넘어서 있습니다. 제가 어떻게 당신을 찬양할 수 있나요? 당신의 은총으로 우리를 보호해 주소서.” “저의 적들은 이 세상 밖에 있지 않습니다. 위험과 어려움을 낳는 것은 내 속에 있는 격정입니다. 당신 외에 누가 우리를 그들의 공격으로부터 구해 줄 수 있을까요?”

바이슈나바박띠 운동의 다른 중심은 발라바짜르야(Vallabhācārya)에 의해 창시된 학파가 번창했던 마투라(Mathurā)였다. 거기서부터 그 운동은 라지뿌따나(Rajputana)와 뻰잡(Punjab)과 같은 다른 지역으로 퍼져나간다. 발라바짜르야의 추종자들 가운데는 까르나따(Karṇāta)의 빌바망갈라(Vilvamaṅgala)가 있다. 그는 아마도 15세기에 태어났으며 그의 저서 끄리슈나까르나므리따(Kṛishṇakarṇāmṛita)는 헌신에 관한 저술 가운데 걸작이다.

벵갈(Bengal)에서 박띠운동에 가장 잘 알려진 인물은 짜이따냐

(Caitanya 1485-1533)이다. 그 이전에 벵갈의 사람들은 자야데바(Jayadeva), 비드야빠띠(Vidyāpati) 그리고 짠디다스(Caṇḍīdās)와 같은 바이슈나바 시인들의 영향을 받았지만 박띠를 강력한 종교적 운동으로 부흥시킨 사람은 짜이따냐였다. 그것은 박띠전통에 충실한 헌신적인 시들과 노래들을 풍부하게 산출했다. 아쌈(Assam)에는 16세기에 샹까라데바(Śaṃkaradeva)가 이끈 바이슈나바 박띠 운동이 존재했다. 이외에도 다양한 지역에서 많은 다른 박띠 운동들이 있었다. 비록 여기서 그들을 다 논의할 수는 없지만 이제 바이슈나바 박띠 운동이 어떻게 퍼져나갔는지 명백해질 수 있을 것이다. 하지만 그 운동의 비정통적 성질에도 불구하고 그것이 언제나 모든 카스트 장벽들을 깨뜨릴 수는 없었다고 말해질 수 있을 것이다. 이 운동의 많은 지도자들이 특히나 박띠운동의 초기 단계에 낮은 카스트에서 나왔다는 것은 사실이다. 그리고 대부분의 바이슈나바 박띠문헌은 인간 평등에 대한 믿음을 드러내지만 카스트 구별의 많은 요소들이 그 운동 안에 남아있었다는 사실에는 의심의 여지가 없을 것이다. 라마누자는 제한된 형태에서 카스트 제도를 인정했고 심지어 짜이따냐조차도 그것들을 완전히 없애는 것에 실패했다. 그러므로 해탈을 향한 성향에도 불구하고 그 운동은 때때로 주장되는 것만큼 지위의 평등함을 성취하지는 못했다. 또한 그 운동의 몇몇 분파들 속에서 헌신자들은 보다 사실적이고 인간적인 면에서 사랑과 동경을 취하면서 그 경우에 헌신자들의 도덕적 행위는 가끔 욕구 되는대로 내버려졌던 것처럼 보인다.

샤이바 운동은 비록 그에 대한 추종이 결코 무시할 정도가 아니었음에도 불구하고 바이슈나바의 것보다 덜 퍼져나갔다. 앞에서 언급했듯이 쉬바는 처음 비아리아인의 신이었다. 그에 대한 예배는 브라흐마나 사제들에 의해 반대되었다. 그러나 점차 쉬바는 수용되었다. 6세기 말 무렵 우리는 오직 브라흐마나들만이 쉬바 사원들에 사제들로 일할 수 있다는 바라하미히라(Varāhamihira)의 명령을 발견한다. 이것은 그 신에 대한 수용을 입증한다. 그러나 쉬바사원의 브라흐마나 사제들은 어느 정도 낮은 사회 계급이었던 것처럼 보인다. 쉬바-갸나-보담(Śiva-jñāna-bodham; 1223)의 의하면 대부분의 샤이바 헌신자(bhakta)들은 비브라흐마나들이었다. 많은 샤이바 헌신자들 가운데 17세기의 쉬바바꺄(Śivavākya)는 다음과 같이 묻는다. "그의 명성과 심지어 존재조차 인간의 지배 아래 있는 이 인위적인 신들에 의해 무엇이 되어질 수 있을까? 어떻게 그들이 우리를 구원할 수 있을까? 그렇다면 검은 돌 가까이에 꽃을 놓은 것이 무슨 소용이 있을까? 신상 앞에서 향을 태우고 종을 울리면서 그 주위를 돌아다니고 그와 유사한 다른 실행을 준수한들 무슨 소용이 있을까? 이와 유사한 방법으로 요기의 96가지 규칙들에 대한 준수, 육체적 고행, 만뜨라의 읊조림, 성지 순례 그리고 갠지스 강가에서의 목욕은 쓸데없는 일이다. 그러므로 집착을 포기하고 마음을 평정하게 하라. 성스러운 바라나시가 그대의 마음속에서 올라올 것이다. 예배되어야 하는 것은 이상적인 신성이지 임의적인 신상들이 아니다." 바디라-기리아르(Bhadira-giriar)는 이 박띠사상을 단순한 구절 속에 집어넣는다. "신이여, 언제 저의 감각들이 억제되고, 저의 자만심이 낮추어지고, 저의 투쟁심이 뛰어난 멈춤 속에서 끝나게 될 수 있을까요?" "갇혀있는 물고기와 같은 저에게 언제나 자유가 찾아올까요? 언제 저는 신의 발아래 저 자신을 내려놓고 그분과 저의 본성이 융합될 수 있을까요?"

까쉬미르(Kashmir)에서도 샤이바 박띠 운동이 강했다. 쉬바 철학의 가장 유명한 까쉬미르 주석가는 11세기에 살았던 아비나바굽따(Abhinavagupta)이다. 그의 전임자들 가운데에는 싯다 소마난다(Siddha Somānanda)가 잘 알려져 있다. 그들의 작품들은 때때로 일상적인 헌신자들에게 너무나 지적이었다. 많은 헌신자들은 신학적 사색보다는 단순한 헌신적인 노래를 불렀다. 샤이바 종파 가운데 흥미있는 분파는 12세기 까르나따까(Karṇāṭaka)에서 나타난 비라샤이바(Viraśaiva) 또는 링가야따(Liṅgāyata)였다. 그 접근법 역시 그 학파의 구루(guru)가 브라흐마나 계열에서 왔을지라도 비정통적이었다. 그것은 헌신과 믿음을 강조하고 사제중심의 제식주의를 반대했다.

우리는 박띠운동의 모든 다른 형태들을 다 다룰 수 없었다. 그의 다양한 성질들 때문에 그것은 서로 다른 지역들과 서로 다른 시대에 종교적인 사람들에게 크게 어필했다. 비슈누와 쉬바 중심의 박띠 운동에 덧붙여 다른 형태의 신들에 헌신했던 사람들도 존재한다. 어떤 사람은 아리아인 이전 시대에 토대를 둔 어머니 여신들에 대한 의식에서 발전한 여신을 절대자로 숭배했다. 어머니 여신에 대한 숭배자들은 때때로 샥띠(Śākti)로부터 파생한 샥따(Śākta)들이라고 불렀다 샥띠는 데비(Devī), 깔리(Kālī) 또는 두르가(Durgā)의 다른 이름이다. 이 박띠운동 학파는 딴뜨라(Tantra)들과 연관되었다. 이에 대해서는 13장에 이미 논의되었다. 하지만 이러한 여러 박띠학파들 가운데 바이슈나바와 샤이바의 것들이 가장 중요하다는 것에는 의심의 여지가 없을 것이다. 힌두교 신자들의 헌신적인 충동은 이 두 가지를 주류로 하여 이어져 오고 있다.

제18장 북인도의 중세신비주의

인도 문화는 많은 민족들과 사회들이 결합된 성취를 나타낸다. 이슬람은 인도에 들어오면서 괄목할만한 반향을 일으켰다. 현실에 대한 열정적인 관심들은 많은 인도인들로 하여금 이러한 영향에 무관심하도록 만들었지만, 힌두 전통의 전개에 관한 객관적 연구는 이 위대한 종교의 창조적인 영향을 반드시 고려해야만 한다.

두 문화들이 서로 영향을 끼치지 않은 채로 나란히 존재하는 것은 불가능하며, 인도에서 힌두와 무슬림의 문화적 양식들은 많은 부분 상호교류를 거쳐 왔다. 이에 대한 증거는 단지 (예를 들면, 무굴, 라지뿌뜨, 깡그라, 가르왈의) 새로운 회화 양식, (따지마할과 같은) 건축물, (인도 고전 음악의 사조에 영향을 주는) 음악의 발전 뿐만이 아니라 종교적인 운동들에서도 관찰될 수 있다. 박띠 종파의 헌신적인 운동과 이슬람 수피의 전통들은 그 사상적 교환이 매우 용이했었기에 공통점이 정말 매우 많다. '중세'라는 말이 아마도 오해를 일으킬 수도 있는데, 왜냐하면 우리가 지금 논의하는 중세의 움직임이라고 하는 것은 전적으로 다른 것임에도 불구하고, 대부분 사람들의 마음에서는 이 말이 유럽의 중세시대의 사상과 관습에 관련한 것으로 생각될 수 있기 때문이다. 인도 중세의 신비주의의 가장 괄목할 만한 양상은 분파적인 조직들과 정통 경전들로부터 완전하게 독립성을 유지한다는 점에 있다.

인도에 온 첫 수피 스승은 1142년에 세이스딴(Seistān)에서 태어난 크와자 모이눗딘 찌쉬띠(Khwājā Moinuddin Cishiti)였지만, 이슬람의 영향과 관련한 이야기는 아마도 1072년에 사망한 막둠 사이야드 알리 알 후즈위리(Makhdūm Saiyad Ali al Hujwiri)에서부터 시작할 수 있을 것이다. 찌쉬띠는 1193년에 델리에 도착했고, 마지막에는 아지메르(Ajmer)에 있는 힌두 순례지 뿌쉬까르(Pushkar)에 정착했다. 그는 많은 무슬림과 힌두 제자들을 거느렸다. 저자도 뿌쉬까르에서 자신을 후사이니 브라마나(Husaini Brahmin)라고 칭하는 찌쉬띠(Cishiti)의 추종자들을 만나는 것을 즐겼다. 뒤이은 세기 동안에도 인도에서는 많은 수피 스승들이 있었지만 이 같은 사조가 힌두 사상에 영향을 주었다는 것 이상으로는 그 운동에 대해서 논의할 수 없다.[1]

힌두의 측면에서 중세 신비주의에 계기를 마련해 준 인물은 라마난다(Rāmānanda, 1370-1440)였다. 그는 라마누자(Rāmānuja)의 추종자로 시작했으나 후에 정통주의 운동에서 떠났다. 그는 카스트 분리에 도전했으며 전통적인 종교 의례에 의문을 갖고 상위 계

1) 이 부분에 흥미가 있는 독자들은 아마도 저자의 '*Medieval Mysticism of India*, London, 1936, pp.14-41'에서 관련 자료를 찾을 수 있을 것이다. 여기와 이 전의 장들에서 인용한 대부분의 게송들은 이 책에 있는 것을 재인용한 것이다.

급에 한정된 산스끄리뜨 보다는 힌디로 가르침을 전해 대중 문학에 자극을 주었다. 지식(jñāna)과 명상(yoga)의 철학, 그리고 신애의 전통(bhakti)이라는 힌두 종교에서 찾은 모든 장점들을 받아들였지만, 전통적인 힌두의 정통 관습에 묶이지 않았기 때문에 그의 종교적 운동에 보다 커다란 대중적 매력을 줄 수 있었다. 그의 사상의 본질은 시크교 문집 '그란트 사헵'(Granth Sāheb)에 있는 그의 시들 중 한 편에 잘 반영되어 있다. "어디를 가든지, (숭배를 위한) 물과 돌을 본다. 그들 모두를 당신의 현존으로 가득 채운 이는 당신이다. 그들은 헛되이 베다(Veda)에서 당신을 찾는다... 나의 진실한 구루여! 당신은 모든 실패와 환상을 없앴다. 당신은 축복받았다. 라마난다(Rāmānanda)는 그의 스승 안에서 브라흐만(Brahman)을 잃어버렸다. 모든 속박을 끊는 것은 구루의 말씀이다."

라마난다는 열두 명의 주요 제자들이 있었던 것으로 여겨지는데, 그들 대부분은 하층 계급 출신이었다. 그들 중의 한 명인 라비다스(Ravidās)는 구두 수선공이었다. 그란트 사헵(Granth Sāheb)에는 서른 개가 넘는 그의 헌신적인 찬가들이 포함되어 있다. '베다 만뜨라들의 암송을 수 백만번 넘게 한다고 해도 그것을 간절히 원하는 마음의 비통함은 전혀 달래지지 않는다. 모든 사물에는 당신이 깃들어 있다. 나의 눈을 통해서 당신을 보는 걸 배우게 된 것이 나의 잘못이다'라고 그는 노래했다.

라마난다의 제자 중에 가장 잘 알려진 사람은 단연 무슬림 직공이었던 까비르(Kabīr)였다. 그의 정확한 출생과 사망 일자는 잘 알려져 있지 않고 여러 상반되는 논란이 있다. 그러나 십중팔구 주로 15세기에 살았을 것으로 여겨지며, 아마도 라마난다의 직계(직전) 제자였을 것이다. 무슬림 직공의 아들이었던 그는 이 운동으로 개종하면서 모든 종교적인 의례주의와 미신을 공격했다. 그는 이슬람과 힌두 종교의 수피(Sūfi)와 헌신(Bhakti) 전통을 자신 안에서 통합하고자 했다. '알라(Allah)든 아니면 라마(Rāma)든 신이시여! 나는 당신의 이름에 따라 삽니다'라고 까비르는 노래했다. '믿음들 가운데 나타나는 차이점들은 명목상일 뿐이며 실제는 오직 하나이다. 어디든 간절한 열망은 동일한 신을 향한다.' 까비르는 일반 대중을 위한 노래를 지었고 자연스럽게 산스끄리뜨(Sanskrit)보다는 힌디를 그 전달 수단으로 선택했다. '산스끄리뜨는 우물 속의 물과 같다. 대중의 언어는 흐르는 냇물과 같다'라고 그는 말했다. 그는 고행이나 금욕주의를 믿지 않았다. 결혼해서 아들과 딸을 하나씩 두었고 직공으로서 그의 삶을 이어갔다. 이 문맹인 직공의 삶에는 실제로는 흔치않은 물질적이고 영적인 가치들이 조화로운 균형을 이루고 있었다. "궁극의 실재는 오직 영혼의 내부 영역에서만 거주할 뿐이라고 말함으로써 우리는 외부 물질 세계를 폄하한다. 그리고 또한 그가 오직 외부에 있다고 말할 때에도 우리는 진실을 말하지 않는다."

까비르는 힌두와 무슬림 양자에 많은 추종자들을 두었다. 그의 사후에 힌두와 무슬림 제자들 사이에서 서로 자신들이 속한 종교로 장례식을 치루고자 다툼이 있었다는 재미있는 얘기가 전해져 온다. 그 이야기에 따르면, 수의를 벗겼을 때 그들은 까비르의 몸을 찾을 수 없었고 오직 경쟁하던 두 분파에 정확하게 반으로 나누어진 꽃더미만 남아 있었다고 한다. 까비르의 죽음 이후에 그의 아들인 까말(Kamāl)이 그의 아버지의 추종자들을 위한 종파를 조직하도록 요청받았다. 까말은 이러한 생각을 거부하면서, 자신의 아버지가 평생 동안 모든 종파주의에 반대하면서 투쟁했기에 종파를 조직하는 것은 까비르의 종교적인 신념의 정신을 훼손하는 것이라는 사실을 지적했다. 그러나 대부분 무슬림이었던 까비르의 제자들은 마가하르(Magahar)에 있는 까비르의 묘 옆에 사원을 세웠고, 힌두 제자들은 바라나시(Banaras)와 찻띠스가르(Chattisgarh)에 센터를 지었다. 이 중에 후자의 규모가 더 컸으며, 약 4백만 명의 회원들이 있었다고 한다. 위대한 시크교의 창시자인 나낙(Nānak, 1469-1538)은 까비르빤트(Kabīrpanth)라고 알려진 까비르의 가르침에 크게 영향을 받았다. 시크교의 몇몇 매력적인 단순성은 까비르로 부터 그 흔적을 추적할 수 있으며, 시크교의 종교적인 문헌인 그란트 사헵(Granth Sāheb)은 중세 신비주의 게송들의 중요한 전거이다.

까비르의 추종자들 가운데 눈에 띄는 인물은 다두(Dādu, 1544-1603)였다. 그는 무슬림 가족에서 태어난 목화솜을 빗는 사람(Cotton-carder)이었다. 까비르의 혈통이 무슬림으로부터 이어졌다는 것을 숨겼던 16세기 박띠 운동에 대한 힌두 문헌인 박따말라(Bhaktamāla)에서처럼, 다두의 제자들에 의해서 그가 브라흐마나 출신이었다는 것을 보여주기 위한 시도들이 있었다. 까비르와 다두의 정통적인 제자들의 이러한 주장들은 정확하지 않았을 뿐만 아니라, 그들의 스승들의 가르침에 낯선 관점을 반영한 것이었다. 다두의 이상 중 하나는 믿음의 통일이었고, 이 목적을 위해 그는 어떤 의례나 정통 교설 없이 신을 숭배하는 브라흐마-삼쁘라다야(Brahma-Sampradāya)를 창설했다. 다두는 브라흐마나 사회의 핵심을 '자존심의 포기, 신의 숭배, 몸과 마음의 모든 타락을 치유하는 것, 모든 창조물에 자비를 수양하는 것'으로 묘사했다. 이는 바가바드기따의 가르침과 크게 다르지 않지만, 그 접근법은 아마도 보다 직접적이고, 기따의 엄숙한 형이상학보다 자유롭다. 다두는 그의 조상들을 '신은 나의 선조이며, 창조자는 나의 친척, 세상의 스승은 내 카스트에 속하고, 나는 전능한 이의 아이들 중에 하나'라고 묘사한 적이 있었다. 이것은 믿음에 대한 단순성을 표현한 것이었고 신을 안다는 자신감은 자유로운 사색의 동반자였던 무굴 제국의 악바르를 매료시켰다. 악바르 대제는 약 40일이 넘는 오랜 시간 동안 다두와 종교적인 논의를 가졌는데, 다두의 가르침이 그에게 큰 영향을 주었을 것이라고 여겨진다. 악바르 자신은 이후에 딘-이-일라히(Dīn-i-Ilāhi; 신의 종교)라는 통합종교를 만들어 모든 종교 신앙을 하나로 통합하려고 하는 시도를 시작했다. 그의 이러한 자유로운 관점 형성에 도움을 준 것은 십중팔구 다두의 브라흐마-삼프라다야(Brahma-Sampradāya)였을 것이다.

다두의 많은 시들의 테마는 세상의 아름다움에 관한 것이다. 그는 고행주의를 신뢰하지 않았고, 감각들을 창조했다는 점에서 신은 그들을 굶도록 의도하지 않았다는 사실을 지적했다. '그리하며, 색을 즐기는 눈, 음악을 즐기는 귀, 맛을 즐기는 혀가 불가사의하게도 [우리에게] 주어졌다'고 다두는 말한다.

다두는 다음과 같이 노래했다. "내가 이 우주의 아름다움을 마주하게 되었을 때, 나는 '신이시여! 어찌하여 당신은 이것을 창조하셨나이까라고 묻지 않을 수 없었다. 당신의 존재를 통해서 일어나는 갑작스러운 기쁨의 파도가 나타나지 않을 수 없었는가? 이것은 진실로 자기표현의 욕구에 의한 것이었는가? 아니면 단순히 감정적 충동에 의한 것인가? 혹은 단지 형상의 놀이로 드러내려던 당신의 바람이었던 것인가? 그렇다면 이 유희는 당신을 기쁘게 하는가? 아니면 당신은 형상을 취함으로써 당신의 내재적인 기쁨을 볼 수 있는가? 이러한 질문들이 어떻게 말로 대답될 수 있겠는가. 이것들을 아는 자들만이 이해할 수 있을 것이다."

"그것이 왜 당신의 우주가, 당신의 이 창조가 나를 그렇게 매료시켰는지에 대한 이유이다. - 당신의 물, 당신의 숨결, 그리고 산맥들과 대양들, 눈 덮인 기둥들, 불타는 태양을 가진 그들을 품고 있는 이 대지 왜냐하면 땅과 하늘 그리고 천상들의 세 가지 영역 모두를 통해, 그들의 모든 다양한 삶들 한가운데 있기 때문에 나의 마음을 사로잡는 것은 당신의 직무이며 아름다움이다. 보이지 않는 이여, 다가갈 수 없는 이여, 헤아릴 수 없는 이여, 누가 당신을 알 수 있겠는가. 다두는 알려고 하지 않습니다. 그는 당신의 이 모든 아름다움에 도취되어 있고 당신과 함께 그 안에서 기뻐하는 것으로 만족합니다."

이것은 지성적인 '지식(jñāna)의 길'과 복잡한 '행위(karman)의 길'과는 분명하게 다른 가장 순수한 형태의 헌신(bhakti)이다. 이 전통은 다두의 사후에 많은 추종자를 낳았으며 그들 중에 가장 유명한 인물이 라자브(Rajjab)였다. '이 세상 모두는 베다들이고, 모든 창조는 코란이다. 메마른 종이뭉치들을 그들의 완벽한 세상으로 생각했던 빤디뜨(Pandit)와 까지(Kāzi)의 노력들은 헛된 것이다'라고 그는 말했다. 또한 '사람의 수만큼이나 많은 종파들이 있다. 그 같은 것은 다양함을 부여받은 섭리의 창조이다. 많은 작은 시냇물들과 같은 각기 다른 종파들의 신앙은 바다와 같은 하리(Hari; 신)를 만나기 위해 함께 움직인다.

이 전통의 헌신적인 노래들에 기여한 많은 중세 신비주의자들이 있었지만 그들 모두를 이 짧은 책에서 논의할 수는 없을 것이다. 그들 가운데 라마야나(Rāmāyaṇa)를 산스끄리뜨에서 힌디로 번역한 16세기 힌두 시인 뚤라시다사(Tulasīdāsa: Tulsidas)같은 사람들이 잘 알려져 있다. 다라니다사(Dharaṇīdāsa)와 같은 다른 사람들은 특정한 영역을 제외하고는 잘 알려져 있지 않다. 그들 모두의 공통된 특징은 신을 사랑하고 강렬하게 사랑스러운 창조주로 숭배하는 것이다.

인도의 한 부분인 신드(Sind)의 중세 신비주의는 무슬림 수피의 전통의 영향이 박띠 학파들보다 훨씬 강력했다는 점에서 전문적으로 연구할 가치가 있다. 전통들에 많은 공통점이 있기에 그 차이가 엄청나게 큰 것이 아니라고 해도 문구들과 상징주의에서 차별을 두려는 경향이 있었다. 다른 지역의 중세 신비주의에서 박띠 전통이 수피 사상에 영향을 받은 것과 마찬가지로 여기서 수피 전통이 박띠 사상의 영향을 받지 않은 것은 아니었다. 17세기에는 샤 카림(Shāh Karīm)과 샤 이나예트(Shāh Inayet) 운동이 일어났다. 샤 라티프(Shāh Latīf)는 1689년에 태어났으며, 이 전통은 현재까지도 이어져 내려온다.

이 학파와 가장 밀접하게 연결되어 있는 것이 델리의 네오 수피(neo-Sūfis)이다. 17세기 바위리 사헵(Bāwri Sāheb)이라고 불리는 수피가 있었는데, 그의 제자였던 비루 사헵(Bīru Sāheb)은 힌두출신이었다. 비루 사헵에게도 샤(Shāh)라고 불리는 제자가 있었는데 그는 무슬림 태생이었다. 야리 샤(Yāri Shāh)의 저작들은 신을 때로는 알라(Āllah)로, 때로는 라마(Rāma) 혹은 하리(Hari)라고 언급한다. 이 모든 점들은 힌두와 무슬림 신비주의가 서로 어느 정도 영향을 주고받았는지 보여주는 예일 것이다.

제19장 바울(Bāul)

인도의 종교적인 삶에서 벵갈의 바울들보다 더 흥미로운 현상을 찾긴 쉽지 않다. 외부 지역에는 잘 알려지지 않았으며 그 지역에서도 많은 존경을 얻지 못했지만, 그들은 '그(Him)'를 지칭하는 방식으로 '내 심장의 속에 있는 그(moner mānush)'라는 '단순하고 소박한(sahaj)' 인간의 탐색이라는 아주 감동적인 예를 제공한다. 바울(Bāul)은 '무모한'이라는 의미이며 이는 신경의 흐름(nadi)이라는 의미에서 아마 산스끄리뜨어 바유(vāyu; 바람)에서 파생되었을 것이다. 또 다른 기원은 이를 몇몇 신앙에서 수행되는 규칙적인 호흡 수행들과 연결한다. 그 종교적 전통은 불교, 딴뜨라, 바이슈나비즘의 폐허에서 자라났으며, 이름의 기원이 어찌되었던 간에 바울들은 실제로 그것에 충실하다. 모든 전통적인 연결과는 동떨어진 채로 활동하는 바울은 마치 바람처럼 자유롭다.

바울 운동의 주요한 특징은 다음과 같이 나라하리 바울(Narahari

Bāul)의 노래에서 잘 표현되어 있다.

> 형제여, 이것이 내가 무모한 바울이 된 이유이다.
> 나에게는 복종하는 스승도, 어떤 명령들도, 경전도, 관습도 없다.
> 인간이 만든 구분들은 이제 나를 옭아매지 않는다.
> 나는 내 자신의 존재에서 솟아나는 사랑의 즐거움에 기뻐한다.
> 사랑에는 분리가 없지만 마음의 만남은 영원하다.
> 그러므로 노래하는 게 즐겁고 누구 할 것 없이 함께 춤춘다.
> 형제여, 이것이 내가 무모한 바울이 된 이유다.

이러한 구절들은 바울 신앙의 주된 신조를 보여준다. 바울이 추구하고자 한 자유는 모든 외적 강제들에서부터의 자유이다. 자유롭기 위해서는 비록 그 안에 있다고 할지라도 세상을 버려야만 한다. 이것은 때때로 수피 성인들이나 신비주의자들이 사용했던 단어인 파나(fanā)라고 불린다.[1] 그 운동의 회원은 가정생활자들과 부랑자 같은 방랑자들도 포함한다. 바울들은 카스트나 계급과 같은 사회적 구분이나 특별한 신도 그리고 사원 또는 모스크 등과 같은 것을 인정하지 않는다. 그들은 주로 바이슈나바의 것과 같은 종교 축제 기간 동안에 모이긴 하지만, 어떤 예배 의식에 참여하지 않는다. 그들의 이상은 사하즈(sahaj; 있는 그대로의 본성)가 되는 것이므로 종교 의례에 어떤 외부적인 형식을 회피하고 비판한다. 보통 바울 신봉자들은 힌두나 무슬림 신도들 중에서도 낮은 사회계층 출신들이며, 이것이 두 신앙 단체들의 보수적인 구성원들이

1) 파나는 수피즘에 사용되는 용어로 어원적으로 '지나가다', '절멸'을 뜻하며 '죽기 전에 죽는 것'이라는 의미로 이해된다. 다시 말해서 개인의 자아를 없애고 신, 절대자와 하나되는 내적 통일의 상태를 가리킨다.

그들을 업신여기는 이유 가운데 하나이다. 사원과 모스크들은 물론 종교기관의 다른 형태들에 대한 그들의 일반적인 태도는 아마도 그들의 하층 계급의 형제들에게 적용되는 제한들에 기원했을 것이다. 그들은 묻는다. "다른 어떤 사원이 우리에게 필요한가?" "어느 때 우리의 몸이 우리의 영혼을 거주지로 삼는 신전인가?", "신봉자는 그 자신 안에 삶의 문자들로 적힌 경전 두루마리를 지니고 있다. 하지만 안타깝게도 그것들을 읽는 데 관심을 두지 않고서 마음의 이야기에 귀를 닫아버린다." 바울들은 또한 인도의 다른 은둔자나 수행자들처럼 황토 색깔로 물들인 옷을 입기를 거부한다. 그들은 이것이 형식주의를 드러내는 것이라고 말한다.

> 안으로 색이 먼저 물들지 않고서, 그 색이 밖으로 드러날 수 있는가? 과일은 그 껍질의 색깔에 의해 익어가고 단맛이 드는가?

기록된 자료들이 없고, 바울 운동에 참여했던 대부분의 구성원들이 문맹인 사회의 하층 계급들에 한정되었기 때문에, 바울 운동의 기원을 추적하는 것은 쉽지 않다. 그러나 또 다른 이유는 그들 자신들의 역사가 기록되는 것에 편견이 있기 때문이다. 언젠가 나는 동쪽 벵갈 지역의 한 마을에서 강가에 앉은 바울과 이야기를 나눴던 것을 기억한다. 내가 그에게 '왜 당신은 후대를 위해서 당신 자신에 대한 역사적인 기록을 남기려 하지 않느냐'고 묻자, 그는 '우리는 사하즈(sahaj; 간결한)의 길을 따른다. 그리고 우리 뒤에 어떤 흔적도 남기지 않는다'라고 대답했다. 그때 조수가 빠지고 난 후 강바닥에는 물이 얼마 남아 있지 않았다. 오직 몇몇 뱃사공만이 진창을 따라 검은 자국을 남기며 배를 미는 것을 볼 수 있었다.' 바울은 계속해서 말했다. "물이 불어난 강 위를 항해하면 자국이 남는가?' 뒤에 기다란 자국을 남기는 것은 그들의 필요에 의해 진흙의 길 위를 따라가는 뱃사공일 뿐이다. 이것은 사하즈(sahaj)의 길이 아니다. 진실한 노력은 열렬한 신봉자들의 삶을 통해서 흘러가는 헌신의 강줄기를 떠다니도록 몸을 맡기는 것이고, 그들의 헌신과 자신들이 어우러지는 것이다. 바울들 사이에는 여러 많은 계층들이 있지만 그들 전부는 바로 바울들일 뿐이다. 그들은 어떤 다른 성취나 역사를 갖지 않는다. 갠지스로 떨어진 모든 물줄기들은 갠지스가 된다." 내가 왜 다른 경전들을 인정하지 않는지에 대해서 물었을 때 또 다른 바울은 이 질문에 살짝 불쾌감을 드러내면서 대답했다. "우리가 다른 이들이 남긴 것들을 핥아야만 하는 개인가? 용감한 자들은 그들의 고유한 창조에 기뻐하는 법이다. 오직 겁쟁이들은 그들 스스로 어떻게 창조하는지를 모르기 때문에 그들의 선조를 기쁘게 하는 것에만 만족할 뿐이다." 바울들은 그들 종파의 역사에 대해서 절대 근심하지 않는다. 그들은 과거에 무엇을 했는지 무엇을 생각했는지에 대해서 염려하지 않는다. 단지 오늘의 헌신에 가득 찬 느낌들에만 관심을 가질 뿐이다. 이 같은 태도는 성지 순례에 대한 그들의 반감으로 이어진다. 그들은 다음과 같이 노래한다.

> 맹세하건데, 나는 메카(Mecca)나 메디나(Medina)로 가지 않을 것이다.
> 왜냐하면, 보라, 나는 나의 친구 옆에 영원히 머물러 있기 때문에.
> 그를 알지 못한다면, 나는 미쳐버렸을 것이고 멀리 떨어져 살았을 것이다.
> 모스크나 사원 혹은 어떤 특별한 신성한 날에는 예배가 없다.
> 내가 걷는 모든 걸음은 나의 메카와 까시(Kāśi; 바라나시의 옛 지명)로 향한다. 신성함은 매 순간 존재한다.

바울들의 시들과 이 책의 마지막 장에서 다루게 될 북인도 신비주의자의 시들 사이에는 많은 유사점들이 있다. 그러나 바울들은 덜 조직적이고 스스로를 어떤 고정적인 규칙으로 정형화시키지 않았다. 그것은 아마도 이들이 북인도 중세 신비주의자에 영향을 받기는 했지만 인도 대륙의 서로 다른 부분들의 모든 시대를 거쳐 출현한 간결한 박띠 전통에 상당히 깊게 그 뿌리를 내리고 있기 때문일 것이다. 그러므로 이 운동들의 기원을 추적하는 것은 실제로 매우 어려운 일이다. 바울의 신앙과 아타르바베다(Atharvaveda)에서 언급된 몇몇 종교들 사이에는 몇 가지 유사점이 있기에 이러한 종류의 운동들이 아마도 인도의 전 역사에 걸쳐 일어났었다고 볼 수 있을 것이다.

바울들은 그들의 스승으로부터 관습을 배웠으며 실제로 이것은 이 전통들이 유지된 방식이다. 스승은 과거의 가르침들을 미래의 바울에게 전한다. 바울들의 시에는 무엇이든 그들을 생각하거나 이해하도록 만드는 무엇이든 은유적으로 신을 가리키는 것이라는 용어를 사용하여 때때로 인간 스승들의 존재를 거부하기도 한다.

> 나의 심장이여, 그대는 그대의 스승에게 복종할 것인가?
> 그는 그 길의 모든 곳에 모든 걸음마다 거기에 있다.
> 왜냐하면 당신의 스승들은 셀 수 없도록 많기 때문이다.
> 그 많은 그들 가운데 누구에게 복종할 것인가?
> 당신에게 주어진 환대가 바로 당신의 스승이며, 당신이 느끼는 고통이 바로 당신의 스승이다.
> 눈물을 흘리게 하는 그대 가슴의 모든 비통함이 바로 당신의 스승이다.

바울들은 때때로 스승을 '공(śūnya)라고 부른다. 이는 스승의 부재를 의미하는 것이 아니라 (이 말은 절대자를 지칭하는 데에도 사용되어 왔다) 언제나 현존함을 함축하는 것이다. 그러나 실제로 모든 다른 인도 종교 학파들이 그러하듯이 바울들은 그들의 스승에게 큰 존경을 보인다.

바울들은 일반적인 의미에서 고행자들도 아니고 금욕을 믿지도 않는다. 실제로 그들은 세속적인 사랑이 신성한 사랑을 느끼는 데 도움이 된다고 주장한다. 딴뜨라의 사상과 수행들처럼 이러한 믿음은 약간 위험하기도 하다. 윤리적 일탈에 대한 세평들은 가끔 모든 바울 운동에 악평을 불러일으키기도 한다.

바울의 또 다른 교설은 과거, 현재, 그리고 미래 사이의 조화를 칭하는 뜨리깔라-요가(trikāla-yoga)이다. 이 교설은 시간의 각 부분에 적절한 중점을 두는데 실패함으로써 우리가 아마도 우리 삶의 연속성을 파괴할 수도 있다고 교설한다. '우리의 삶은 대리석으로 만든 값비싼 다리이다. 하지만, 애석하게도 그것은 강의 양쪽 강둑을 연결하는 데 실패한다.' 바울들은 또한 물질적이고 영성적인 욕구 사이에 조화를 이루는 것이 필요함을 강조한다.

그러나 바울들의 간결한 감동적인 노래보다도 그들의 교설에 대해 알려진 바가 적다. 사실상 그들의 운동들의 핵심은 경전들에서 한 발짝 떨어져 있었으며 신과의 직접적인 연결을 갖는 것이었다. 종교적인 행위들은 이러한 가르침에 따라서 규정되어야 한다는 것을 보여주는 그의 경전들에서 나온 긴 문장들을 바울에게 한 번 읽어준 적이 있었다. 그러자 바울은 다음과 같은 그들 특유의 즉흥시로 이에 대답했다.

> 어떤 금세공인이 꽃의 정원에 들어왔다고 생각해 보라.
>
> 그는 연꽃을 살펴볼 것이다,

자신의 기준으로 그것을 문질러보면서.

그의 종교적인 믿음이 무엇이든지 간에 간결하고 감성적이며 직접적인 바울의 시가 매력적이라는 사실을 부정하기는 힘들 것이다. 그러므로 라빈드라나트 타고르(Rabindranth Tagore)와 같은 학식있는 시성들이 인도 사회에서 가장 낮은 계층에 속한 이 바울 시인들의 작품에 광범위하게 영향을 받았다는 점은 놀라운 일이 아니다.

어디에서 내 심장의 사람인 그를 찾을 수 있는가?
슬프도다, 내가 그를 잃어버렸기에 때문에 나는 그를 찾아 헤맨다,
가깝고 먼 목초지들을 돌아다니며.[2]

2) 이 장의 많은 부분은 저자의 논문으로 'the Bāuls in the Visvabharati Quarterly' (Rabindranath Tagore의 *The Religion of Man*, London, 1931의 부록 Appendix로 재인쇄됨)에서 다뤘던 것이다.

제20장 현재의 동향[1]

지난 이백년간에 힌두이즘은 서구에 많은 영향을 끼쳤다. 실제로 어떤 새로운 이론을 낳은 것은 아니었지만 새로운 관점으로 그 고대의 사유들을 소개했다. 이러한 새로운 발전들은 부분적으로는 기독교의 영향의 결과였지만 전부 그런 것은 아니었다. 인도 사회는 근대 시대가 출현한 이래로 상당한 변화들을 겪고 있었고, 이것이 인도 사상들에 특정한 변화를 초래한 것은 당연한 일이었다. 그 발전은 또한 새롭게 대두한 중간 계급과도 연관되어 있다.

18세기에서 19세기 초에 이르는 서구 영향의 첫 번째 시기는 상당수의 힌두교도들이 기독교로 개종하는 것으로 특징 지워진다. 힌두 종교 지도자들은 이러한 변화에 직면하여 어쩔 줄 몰라 하면서도 이러한 개종을 막는 데에 노력을 많이 기울이진 않았다. 그

1) 여기서의 현재란 저자의 생존 시기에 비추어 20세기 중반을 의미한다. - 역자 주.

러나 이 시기는 그리 오래 가지 못했으며, 사실상 개종자들의 수효는 서구가 인도에 끼친 커다란 영향력에 비해서는 소규모였다고 할 수 있다. 하지만 이것이 기독교가 영향력을 끼치지 않았다는 것을 의미하지는 않는다. 힌두인들이 기독교도가 되는 것을 막으려는 시도로 힌두 지도자들은 종교적 관습들을 상당수 개혁하고, 퇴보하는 힌두이즘의 대부분의 분파들에서 잊혀진 많은 힌두 사상의 고대 부분들을 부활시키도록 강요받았다.

이것은 두 번째 시기를 이끈다. 그것은 가끔 '힌두 부활주의(Hindu Revivalism)' 혹은 '힌두 개혁주의(Hindu Reformism)'라고 불리며 실제로 양자는 모두 같은 것이다. 이 운동의 개척자는 모든 면에서 두드러진 인물이었던 라자 람모한 로이 (Raja Rammohan Roy, 1174-1833)였다. 그는 그가 태어난 벵갈지역의 언어인 벵갈어와 산스끄리뜨어와 함께 아랍어, 페르시아어, 히브리어, 그리스어, 라틴어를 알았던 학자였으며, 세계 종교들 사이에 큰 차이가 존재하지 않는다는 것을 찾기 위해 각 종교의 경전들을 원전 언어로 읽었다. 1828년 그는 우빠니샤드들의 일원론적인 교설에 기반을 둔 브라흐모 사마즈(Brāhmo Samāj)를 창설했다. 그 과정에서 그는 정통 힌두주의자들의 반대에 맞서야만 했다. 그들 중에 덜 교양을 갖춘 이들은 람모한이 그의 주장을 뒷받침하기 위해서 스스로 우빠니샤드를 저작한 것이라고까지 주장했다. 람모한은 종교의 문제에 관해서는 기원전 8세기의 우빠니샤드로 되돌아간 반면, 사회적 문제에 관한 그의 견해는 혁신적이었다. 그는 인도인들이 서구 과학을 배우기를 간절하게 열망하면서, '수학, 자연 철학, 화학, 해부학과 다른 유용한 과학들'에 대한 교육을 강조하는 편지를 인도 총독에게 썼다. 사띠(satī)[2]의 폐지를 위한 그의 시위는 영국정부가 그것을 법제화하도록 이끌었다. 그는 많은 신문사들과 연관되어 있었으며 벵갈리-잉글리쉬 잡지(Bengali-English magazine)와 페르시안 주간지(Persian weekly)를 경영하면서 언론을 장악하려고하는 1823 입법에 대항하는 캠페인을 이끌었다.

람모한의 업적은 브라흐모 사마즈(Brāhmo Samāj)의 우빠니샤드적 믿음을 강화하는 데 많은 일을 한 성자적인 특성을 지닌 데벤드라나트 타고르(Devendranath Tagore, 1817-1905)에 의해서 이어진다. 그의 아들인 시인 라빈드라나트(Rabindranath, 1861-1941)는 브라흐마나로 태어났지만, 사마즈는 오직 엘리트만을 포용하고 대중의 종교적 노력과는 어울리지 않는 커다란 약점을 가지고 있다고 보았다. 그의 시와 저작들에서 우리는 라빈드라나트가 아웃카스트들의 지혜를 대변하고 있음을 볼 수 있다. 그는 1930년에 옥스퍼드에서 했던 히버트 강의들(Hibbert Lectures)에서 중세 신비주의자들과 바울들의 시에 대한 그의 애정을 드러냈다. 마지막으로 브라흐모 사마즈 운동에는 보다 기독교적인 성향을 띄었던 케샵 찬드라 센(Keshab Chandra Sen, 1834-84)에 의해서 주도되었던 분파도 또한 있었다.

또 다른 힌두 부활 운동은 1875년에 스와미 다야난드 사라스와띠(Svami Dayanand Saraswati, 1824-83)에 의해서 창설된 아리아 사마즈(Ārya Samāj)였다. 이 학파는 그의 견해에서는 오히려 복고적이었으며 그 슬로건은 '베다로 돌아가자'였다. 이 운동은 교육을

2) 이 죄악이 되는 관습은 어떤 적절한 경전적 승인도 결코 갖고 있지 않았다. 그것은 주로 힌두 인구의 특정 고위 계급 사이에서 주로 만연했다. 이전 무굴제국의 악바르(Akbar)는 그것을 중단시키려 시도했었으며, 힌두의 마라타(Mārāṭhā) 왕들 또한 그것에 반대했다. 그러나 그들은 이 악습을 완전히 뿌리뽑는 데 성공하지 못했다.

확산하여 낙후된 계급들의 수준을 끌어올리려고 시도하는 매우 훌륭한 사회 활동을 했다. 그것은 특히 연방 주들과 펀잡 지역에서 열광적인 지지를 얻었고 아마도 힌두 운동들 중에서 유일하게 개종이 옳다고 생각했다.

브라흐모 사마즈(Brāhmo Samāj) 외에 또 다른 힌두이즘의 새 학파가 라마끄리슈나 빠라마함사(1834-86)의 영향아래 벵갈에서 발전했다. 라마끄리슈나는 박띠 운동과 직접적으로 연결되어 있으며 브라흐모 성향의 것과는 매우 다른 전통을 대표했다. 그의 접근법은 지적인 것이 아니었으며 그는 신에 대한 단순한 헌신을 더 많이 강조했다. 그는 많은 신상들을 포함하고 있는 사랑스런 전능한 신에 대한 믿음을 가지고 대중적 힌두이즘을 통합했다. 왜냐하면 그는 많은 형상 안에서 신을 볼 수 있었기 때문이라고 말했다. 물론 이것은 베단따와 직접적으로 연관이 있지만 그 자신은 경전들에 별로 관심을 기울이지 않았으며 신학적인 복잡함이 없는 순수한 박띠(bhakti)를 설교했다. 그의 독특한 인격은 그의 전기를 저술한 로망 롤랑(Romain Rolland)를 포함하여 많은 사람들을 매혹시켰다. 그의 제자였던 스와미 비베까난다(1862-1902)는 인도와 해외에서 이 베단따 불이론(Advaita)을 널리 유포시켰고, 현재 서구의 많은 나라들이 라마끄리슈난 미션의 분파들을 갖고 있다. 비베까난다의 성격은 많은 부분에서 그의 스승과는 매우 달랐다. 그는 스스로를 사회주의자라고 선언하면서 사회 문제에 강한 관심을 나타냈고 '인도 종교를 가지고 유럽사회를 만들고자' 했다. 라마끄리슈나 미션은 교육을 확대하고 의료 체계를 공급하며, 빈민 구제와 서구에 힌두 종교를 알리는 것과 같은 매우 훌륭한 사회적인 일들을 수행했다.

남인도에서 이 같은 분야에서 가장 유명한 인물은 종교적 논의에서 어떤 정식의 교설을 가르치지 않았지만 아뜨만(Ātman) 이론을 나타냈던 라마나 마하리쉬(Ramana Maharshi, 1879-1950)였다.

이와 관련해서 요가의 가르침으로 힌두학파를 시작했던 오로빈도 고세(Aurobindo Ghose)와 수많은 이들에게 기따의 가르침을 살아 있는 믿음이 되도록 만들었던 마하뜨마 간디(Mahatma Gandhi) 또한 언급해야만 한다. 19세기말 20세초의 정치인 발 강가다르 띨락(Bal Gangadhar Tilak)은 기따에 주의를 기울였고 마하뜨마 간디(Mahatma Gandhi)가 이 전통을 이어갔다. 우빠니샤드가 언제나 명상적인 지성인들에게 호소력이 있었던 것과 마찬가지로 바가바드기따는 언제나 행위하는 사람들을 감화시켰다.

요약하자면, 인도에서 서구의 영향은 고대의 이론을 강조하는 새로운 학파들을 산출했다고 말해질 수 있을 것이다. 이것은 힌두이즘에 아무 것도 바뀐 것이 없다는 의미는 아니다. 왜냐하면 힌두이즘은 과거에 많은 사조들을 드러냈고, 이들 중 몇몇은 오늘날 다른 것보다 더 대중적이라는 사실이 중요하고 의미를 지닌다.

나는 미래를 예견하고 싶지는 않다. 힌두인들은 언제나 신에 이르기 위한 다양한 방식들의 존재를 믿어왔다. 종교의 형태는 변할 수 있지만 힌두인으로서 나는 절대신(the Supreme)에 대한 열망은 죽을 수 없다는 사실을 믿는다. 나는 우빠니샤드를 인용하는 것으로써 이 장을 마치고자 한다.

> ya eko varṇo bahudhā śaktyogāt
> varṇān anekān nihitārtho dadhāti
> vicaiti cānte viśvamādau sa devaḥ
> sa no buddhyā śubhayā samyunaktu
> (Śvetāśvatara Upanishad, IV, I.)

일자인 그, 모든 사람들과 모든 시간에 내재하는 필요들을 베푸는 그, 모든 것들의 시작과 종국에 있는 그, 그가 우리를 선의의 끈으로 결속시키도록 하소서.

3부

힌두경전 발췌

A. 리그베다(ṚIGVEDA)

(기원전 2천년 경에 구성; 대략 기원 전 1200년 경에 대부분이 완성)

I. 알려지지 않은 신에게

(Maṇḍala X, 찬가 121)[1]

태초에 황금의 아이(Hiraṇyagarbha)가 발생했다; 태어나자 마자 그 홀로 존재하는 모든 것의 주인이었다. 그는 대지와 이 하늘을 설정했다: - 우리가 희생제를 드릴 수 있는 신은 누구인가?

숨결을 제공한 그, 힘을 부여한 그, 그의 명령이 눈부신 신들 모두를 역전시키는 그, 그의 그림자가 불사인 그, 그의 그림자가 죽음인 그: - 우리가 희생제를 드려야 하는 신은 누구인가?

그의 힘을 통해 호흡하고 반짝반짝 빛나는 세상의 유일한 왕이 되는 그, 인간과 짐승이 모두를 지배하는 그: - 우리가 희생제를 드려야 하는 신은 누구인가?

그의 힘을 통해 이 눈덮인 산들이 존재하고 멀리 떨어진 강(Rasa)[2]을 가진 바다가 존재하는 그, 그에 의해 이들 영역들이 실제로 두 팔들인 그: - 우리가 희생제를 드려야 하는 신은 누구인가?

그를 통해 경외로운 하늘과 땅이 빠르게 만들어진 그, 그를 통해 에테르가 세워지고 창공이 세워진 그, 하늘에서 공기를 측정했던 그: - 우리가 희생제를 드려야 하는 신은 누구인가?

1) *The Sacred Books of the East*, ed., Max Müller, Vol. XXXII에서 발췌.
2) 리그베다에 나오는 신화적인 강의 이름. - 역자 주

하늘과 대지가 그의 의지에 의해 확고하게 서있고 바라보면 마음에 전율이 이는 그; 그를 넘어 떠오른 태양이 빛을 발하는 그: - 우리가 희생제를 드려야 하는 신은 누구인가?

거대한 물이 어디로든 흐르면서 배아(Hiraṇyagarbha)를 잡고 빛을 발생시킬 때 그들로부터 신들의 호흡이 발생한다: - 우리가 희생제를 드려야 하는 신은 누구인가?

그의 힘으로 힘(배아)을 잡고 희생제(빛)을 발생시키는 물을 지켜보는 그, 홀로 모든 신들 위에 있는 신인 그: - 우리가 희생제를 드려야 하는 신은 누구인가?

그가 우리를 다치지 않게 하소서, 귀의 창시자인 그, 또는 하늘을 낳은 옳음인 그, 밝고 힘센 물들을 낳은 그: - 우리가 희생제를 드려야 하는 신은 누구인가?

쁘라자빠띠(Prajāpati)여, 당신이외에 다른 어떤 것도 이 모든 창조물들을 껴안지 못한다. 당신께 희생제가 거행될 때 우리가 바라는 것이 우리의 것이 되게 하소서: 우리가 부의 주인들이 되게 하소서!

2. 창조의 노래

(Maṇḍala X, 찬가 129)[3]

그때 있음(有)도 없음(無)도 존재하지 않았다: 거기에는 공기의 영역도 그것 너머 하늘도 존재하지 않았다.

무엇이 그것을 덮었고 어디에 있는가? 그리고 무엇이 피난처를

3) R. T. H. Griffit. *The Hymns of the Ṛigveda*. Vol. IV에서 발췌.

제공했나? 물은, 깊이를 알 수 없는 심연의 물은 거기에 있었는가?

죽음은 그때 존재하지 않았고 거기에는 어떤 불사도 존재하지 않았다: 거기에는 어떤 표시도 없었고 낮과 밤을 나누는 자도 없었다.

호흡도 없이 그것 외에 자신의 본성으로 호흡하는 그 일자는 어떤 것도 존재하지 않았다.

거기에 어둠이 존재했다. 처음 어둠으로 덮여 있었다. 이 모두는 구별할 수 없는 혼돈이었다.

그때 존재했던 모두는 텅 비고 형상이 없었다: 따뜻함의 거대한 힘이 그 일자를 낳았다.

그 후 처음으로 욕망이 일어났다. 욕망은 정신의 최초의 씨앗이고 배아이다.

마음의 생각으로 탐구했던 성자들은 없음 속에서 있음과의 관계를 발견했다.

가로로 자르는 선이 확장되었다: 그때 위에는 무엇이 있었고 아래에는 무엇이 있었는가?

거기에 낳는 자가 있었고 거기에 강한 힘이 있었고 여기에 자유로운 행위가 그리고 저 위에 에너지가 있었다.

진실로 아는 자는 누구이고 여기서 그것을 말할 수 있는 자는 누구인가? 그것은 언제 태어났고 어디서 이 창조가 나왔는가?

신들은 이 세상의 생성 이후에 존재한다. 그때 누가 아는가? 언제 그것이 처음 존재하게 되었는가?

이 창조의 첫 번째 기원인 그가 모든 것을 형성했는가 아니면 그것을 형성하지 않았는가?

그의 눈이 가장 높은 하늘에서 이 세상을 통제하는 그, 그는 진실로 그것을 안다. 아니 아마 그도 알지 못할 것이다.

3. 새벽에게

(Maṇḍala I, 찬가 113)[4]

이 빛은 모든 빛들들 속에서 가장 빛나는 것으로 온다; 탄생은 멀리까지 확장되는 선명함인 눈부심이다.

사비따르(Savitar)[5]의 일어남으로 쫓겨난 밤은 아침을 위한 탄생 장소를 양보했다.

공평함, 밝음이 그녀의 하얀 자식들과 함께 온다; 그녀에게 어두운 자는 그녀가 머물 곳을 받아들였다.

서로 흡사하고, 불사이며, 서로를 따르고, 그들의 색깔들이 변하면서 양자의 하늘들은 안으로 움직인다.

공통되고 끝이 없는 것이 자매들의 오솔길이다; 신들에 의해 가르쳐진 것을 그들은 번갈아 여행한다.

서로 다른 빛깔이지만 한 마음을 지닌 아름다운 형상의 밤과 새벽은 서로 충돌하지 않는다. 아니 그들은 늑장부리지 않는다.

반가운 소리들의 빛나는 인도자 우리의 눈은 그녀를 바라본다; 아름다운 빛깔을 가진 그녀는 닫히지 않는 입구를 가지고 있다.

그녀는 세상을 시작하면서 우리에게 부를 보여주었다; 새벽은 모든 살아있는 창조물을 일깨웠다.

풍요로운 새벽, 그녀는 똬리를 튼 채 잠든 자를 일으켰다, 하나는 즐거움을 위하여, 하나는 부 또는 예배를 위하여.

확장된 비전을 거의 보지 못한 그들. 모든 살아있는 창조물들을 새벽은 일깨웠다.

하나는 높게 흔들림에게, 하나는 고양된 영광에게, 하나는 곡물

---

4) R. T. H. Griffit. *The Hymns of the Ṛigveda*. Vol. I에서 발췌.
5) 태양. - 역자 주

을 추구함에 그리고 하나는 그의 노동에;

그들의 다른 소명들에 관한 모두, 움직이는 창조물들 모두를 새벽이 일깨웠다.

우리는 거기서 그녀를 본다, 천상의 아이, 누가 봐도 분명한 젊은 아가씨, 그녀의 빛나는 의상에 얼굴을 붉히면서.

그대 지상의 모든 보물의 주인인 여인, 상서로운 새벽이여, 이아침에 여기서 우리에게 얼굴을 붉힌다.

이후에 오는 끝없는 아침들의 처음인 그녀는 이미 떠나간 아침들의 길을 뒤따른다.

새벽, 그녀는 일어나 생명체를 재촉한다: 죽은 그에게 그녀는 그의 잠을 깨우지 않는다.

그대 새벽이여 아그니가 불붙게 되도록 야기했고, 태양의 눈으로 창조를 드러냈고.

그리고 인간들이 예배를 거행하도록 깨웠기 때문에 그대는 신들을 향해 고귀한 봉사를 실행했다.

빛났던 새벽들과 이후에 빛나는 새벽들 그들은 얼마나 오랫동안 함께 있을 수 있을까?

그녀는 열렬한 갈망을 가지고 앞선 새벽들을 동경하면서 다른 것들을 가지고 기쁘게 빛난 채 나아간다.

가는 것은 우리 앞에 있던 날들에서 앞선 아침들이 일어나는 것을 보았던 인간들이다.

우리, 살아있는 우리는 이제 그녀의 밝음을 보고 이후에 그녀를 보게 될 그들이 가까이 온다.

법에서 태어나 적을 쫓는 자, 법을 보호하는 여신, 기쁨을 제공하는 자, 모든 즐거운 소리들을 깨우는 자,

상서로움은 신들의 즐거움을 위해 음식을 제공하면서 여기서

오 새벽이여, 가장 빛나는 아침에 우리를 비춘다,

나날이 새벽 그 여신은 영원히 빛났다. 그리고 이 밝은 오늘을 보여주면서 많은 풍요함을 부여한다.

그러므로 그녀는 다가오는 낮들을 비출 것이다. 불사인 그녀는 쇠퇴함이 없이 그녀 자신의 힘으로 움직인다.

하늘의 경계들에서 그녀는 찬란하게 빛난다; 여신은 어둠의 장막을 떨쳐 버렸다.

자주색의 말들을 가지고 세상을 깨우면서 마구를 채운 마차를 타고 새벽은 다가온다.

그녀의 축복을 받은 모든 생명을 지속하는 것들을 데려오면서, 그녀 자신을 보여주면서 그녀는 눈부신 광채를 멀리 내뿜었다.

이미 사라져 버린 셀 수 없는 아침들의 끝에, 다가오는 밝은 아침들의 처음에 새벽은 일어났다.

일어나라! 호흡, 생명이여, 다시 우리에게 도달했다; 어둠은 사라졌고 밝음이 다가왔다.

태양을 위해 그녀는 여행할 길을 남겨 두었다; 우리는 인간들이 존재를 연장시키는 곳에 도착했다.

그의 찬가집, 사제, 시를 가지고 환하게 빛나는 아침을 찬양하는 노래를 부르면서 솟아오른다.

그때 오늘이 빛나고, 그대를 칭송하는 그에게 풍요로운 아가씨는 생명과 자식들의 선물을 우리에게 내리비춘다.

새벽들은 모든 영웅들인 아들들, 암소와 말들을 수여하고 봉헌들을 제공하는 사람을 비춘다.

그의 기쁜 노래들이 바유(Vāyu)의 목소리보다 더 크게 끝맺을 때 소마(Soma)를 짜는 사람에게 이들을 얻도록 해준다.

신들의 어머니, 아디띠(Aditi)의 영광의 형상, 희생제의 깃발은

높이 빛난다.

일어나라, 우리의 헌신을 칭송하면서; 모든 너그러움은 사람들 사이에서 우리를 으뜸으로 만든다.

훌륭한 부가 무엇이든, 새벽들은 칭송과 예배를 드린 사람을 축복하면서 그들을 제공한다.

미뜨라(Mitra), 바루나(Varuṇa)여 우리에게 그것을 주소서, 그리고 아디띠와 신두(Sindhu), 땅과 하늘이여.

4. 루드라(Rudra)에게

(Maṇḍala VII, 찬가 46)[6]

그대는 이 노래들을 그의 활이 강력하고 그의 화살이 재빠르며 스스로 독립적인 신이고 정복되지 않은 것을 정복한 자이고 지성이며 그의 무기들이 날카로운 루드라에게 바쳐라. 그가 우리를 듣게 하소서!

주인으로서 그는 지상에 태어난 것을 돌보고, 우주의 지배자로서 천상에 태어난 것을 돌본다. 우리를 보호하기 위해 우리의 방어하는 문들로 온다. 루드라여! 우리들 사이에 병이 없게 하소서.

당신의 번개가 하늘에서 내려와 땅을 가로지르며 우리를 지나가게 하소서! 자유롭게 접근 가능한 그대여, 천 가지 약물들이 당신의 것입니다. 우리의 친지와 친척들을 해치지 마소서.

루드라여, 우리를 치지 마소서, 우리를 버리지 마소서! 당신께서 맹렬하게 돌진할 때 우리가 당신의 길에 있지 않게 하소서. 우

6) *The Sacred Books of the East*, ed., Max Müller, Vol. XXXII에서 발췌.

리가 우리의 제단과 인간들 사이에서 선한 기록을 갖게 하소서. 언제나 우리를 당신의 은혜로움으로 보호하소서.

5. 불에게

(Maṇḍala II, 찬가 4)[7]

나는 아름다운 빛으로 빛나고 아름다운 칭송으로 칭송받고, 문중의 손님이며, 훌륭한 공물들을 수령하는 자이고, 미뜨라(Mitra)처럼 (또는 동맹처럼), 신적 존재들 가운데 자따베다(Jātaveda)[8]들처럼 가치가 있는 당신을 아그니(Agni)라고 부른다.

물의 거주지에서 그에게 예배드리는 브리구(Bhṛigu)들은 진실로 아유(Āyu) 씨족들 가운데 그를 확고하게 세웠다. 신들의 관리인, 모든 재빠른 말들의 소유자, 아그니여, 그로 하여금 세상을 뛰어넘게 하소서.

신들은 (사람들이) 확고하게 미뜨라를 정착시키려는 인간종족들 사이에 총애받는 아그니를 세웠다. 그가 (그를) 갈망하는 밤들을 비추게 하소서. 그는 집에서 자유롭게 기도하는 자에 의해 친절하게 다루어져야 한다.

그의 번영은 좋은 목초지처럼 유쾌하다; 유쾌함은 불타는 자가 멀리 밖으로 돌진할 때 나타나는 그의 형상이다.

모든 식물들 사이에서 그의 혀를 재빠르게 날름거리는 그는 마치 마차에 묶인 말처럼 꼬리를 힘차게 흔든다.

그들이 나에 의해 숲들을 집어삼키는 자의 괴물 같은 힘을 칭송

7) *The Sacred Books of the East*, ed., Max Müller, Vol. XLVI에서 발췌.

8) 불의 신 아그니 - 역자 주

받을 때 그는 우쉬즈들[9]에게 (그가 했었던 것)처럼 그의 (빛나는) 빛깔들을 산출한다. 빛나는 광채를 가지고 그는 기쁘게 반짝인다. 나이를 먹은 그는 갑자기 (다시) 젊어졌다.

갈증을 일으킨 것처럼 숲을 빛나게 하는 그, 그 길에서 물처럼, 마차(바퀴의 덜컥거림처럼) 소리내는 그, 그의 길이 검고, 뜨거운 그, 그 기뻐하는 자는 구름이 낀 하늘처럼 소리내어 웃으면서 반짝인다.

넓은 (대지)를 불태우며 스스로 널리 퍼져나가는 그는 사육사 없는 동물처럼 자유롭게 돌아다닌다. 불타는 아그니는 이전에도 그랬던 것처럼 검은 꼬리를 가지고 땔나무를 불태우며 대지를 맛본다.

그대의 이전의 축복들을 기억하면서 이 기도자는 세 번째 희생제에서 당신을 찬양했습니다. 아그니여, 우리에게 용맹한 사람들의 성공과 풍부한 음식 가진 강력한 힘을 주소서. (우리에게) 훌륭한 자손과 부를 (주소서).

아그니여, 그의 자유로운 (주인들과) 함께 당신을 찬양하는 자들에게 그와 같은 활력을 주소서. 용맹한 사람들이 많고 적대적인 반역자들을 물리치고, 비밀스럽게 (그들의 목적을) 성취하는 그리뜨사마다(Gṛitsamada)[10]들이 뒤에 있는 (그들의 경쟁자들을 그대를 통해 물리치게 하소서.)

---

9) 모든 것을 파괴하는 존재 - 역자 주

10) 리그베다에 나오는 리쉬의 이름이며 원래는 앙기라스가문의 슈나호뜨라(Shunahotra)의 아들이었지만 후에 인드라에 의해 브리구(Bhrigu)의 가문으로 이동한다. - 역자 주

B. 아타르바베다(ATHARVAVEDA)

(아타르바베다의 근원은 더 고대로 나아가지만 현재의 형태는 기원전 1000년 경)

I. 대지의 여신에 대한 찬가

(Book XII, 시 1-27)[11]

진실함, 위대함, 보편적 질서(ṛita), 강함, 정화, 창조적인 열(tapas), 정신적 행복(brahma), 희생제가 대지를 떠받친다. 이 대지, 이전에도 있었고 앞으로도 있을 것의 여주인이 우리를 위해 넓은 영역을 준비하게 하소서!

높은 곳들, 경사들 그리고 거대한 평원들을 가진 대지, 다양한 장점을 가진 식물들을 지탱하고 인간들 중심에서 나오는 압박에서 자유로운 대지, 그녀는 우리를 위해 널리 퍼지고 우리에게 적합하리라!

바다와 강들과 물들 음식과 인간 종족들이 일어나는 이 숨쉬고 움직이는 생명이 존재하는 대지는 우리에게 우선적으로 마시는 것을 제공하리라!

그의 공간의 네 영역들(사방)에서 음식과 인간종족들이 일어났던 대지, 다양하게 호흡하고 움직이는 것들을 지탱하는 대지는 우리에게 가축과 다른 소유물들 또한 제공하리라!

옛날부터 첫 번째 인간들이 스스로를 펼쳤던, 신들이 아수라들을 극복했던 대지는 우리에게 (모든) 종류의 가축들, 말들 그리고 새들, 좋은 행운과 영광을 얻게 하리라!

11) *The Sacred Books of the East*, ed., Max Müller, Vol. XLII에서 발췌.

모든 것을 지탱하고, 부와 토대 그리고 모든 생명있는 창조물들의 금으로 된 가슴을 가진 쉼터를 제공하는 대지, 아그니 바이슈와나라(Agni Vaiśvānara: 불)를 지탱하고 인드라(Indra), 황소와 짝을 이루는 그녀는 우리에게 번영을 제공하리라!

잠들지 않는 신들이 영원히 교대로 지키는 넓은 대지는 우리에게 귀중한 꿀을 뽑아내고 더 나아가 우리에게 영광을 흩뿌리리라!

이전에 (공간의) 바다에 있던 물이고, 현자들이 그들의 정교한 가치를 가지고 발견했던 그 대지; 그의 가슴이 가장 높은 하늘이고 불사이며 진리로 둘러싸인 대지는 우리에게 광명과 힘을 수여하고 우리를 최상의 주권에 위치하게 하리라!

수반되는 물들이 밤낮으로 끊이지 않고 합동으로 흐르는 그 대지는 우리에게 풍부한 흐름들 속에서 우유를 쏟아 내면서 더 나아가 우리에게 영광을 흩뿌리리라!

아슈윈(Aśvin)들이 측정했고 비슈누(Vishṇu)가 걸었으며, 힘의 주인인 인드라(Indra)가 스스로를 다정하게 만들었던 대지, 그녀, 어머니는 아들인 나에게 우유를 쏟아 주리라!

대지여, 그대의 눈덮인 산의 정상들 그리고 그대의 숲들은 우리를 다정하게 대하리라. 갈색, 검은 색, 붉은 색, 총천연색을 가진 확고한 대지, 인드라에 의해 보호되며 내가 자리 잡고 있는 대지는 나를 억누르지 않고 죽이지 않으며 상처주지 않는다.

대지여, 그대의 중앙에, 그대의 배꼽에, 몸에서 자라났던 힘에 우리를 고정시키고 우리를 위해 그대 자신을 정화하소서! 대지는 어머니이고 나는 대지의 아들이다; 빠르자냐(Parjanya)[12]는 아버지이니; 그 또한 우리를 구해주리라.

12) 비의 신 - 역자 주

그들(사제들)이 제단(vedi)을 두르는 대지, 모든 (신성한) 일에 헌신하는 그들이 희생제를 펼치는 대지, 희생제의 앞에 희생제의 기둥들을 세워서 눈부시게 빛나는 대지, 그 대지가 스스로 번영하면서 우리를 번영케 하리라!

대지여, 우리를 미워하는 그에게, 우리와 싸우는 그에게, 그의 마음과 무기들을 가지고 우리를 적대시하는 그에게, 그대여 행위에 의해 (우리의 바람)을 예측하면서 우리를 지배하소서!

그대에 의해서 태어난 사람들은 그대에 의해 살아간다. 그대는 두발로 걷는 짐승들과 네발로 걷는 짐승들 양자를 보호한다. 그에 의해 뜨는 해가 그의 광선들로 결코 사라지지 않는 빛을 내뿜는 대지여, 당신의 것은 이들 다섯 인종의 인간들과 가사적 존재들이다.

이 창조물들은 모두 함께 우리를 위해 우유를 산출한다; 대지여, 우리에게 말의 꿀을 주소서!

드넓은 대지여, 확고한 것, 모든 것을 낳는 식물들의 어머니, (신성한) 법에 의해 지탱되는 것, 길하고 친절한 그녀, 영원히 우리의 삶을 지나나게 하소서!

거대하게 모이는 장소 그대는 거대함(대지)이 되었다; 커다란 재촉, 소란 그리고 동요가 그대를 기반으로 한다. 위대한 인드라는 그대를 끊임없이 보호한다. 대지여, 그대는 황금을 볼 때처럼 우리를 밝게 한다: 어느 누구도 우리를 미워할 수 없게 하리라!

아그니(Agni; 불)은 대지 안에, 식물들 속에 있고 물은 아그니를 잡는다. 아그니 돌들 속에 있다; 아그니는 인간들 속에 있다. 아그니들은 가축들 속에. 말들 속에 있다.

아그니는 하늘에서부터 빛이 발한다. 아그니 신에게 광활한 공기가 속한다. 가사적 존재들이 아그니, 그대를 사랑하는 공물들의 운반자의 불빛을 밝힌다.

아그니를 입은 검은 무릎을 가진 대지는 우리를 밝고 기민하게 하리라!

대지에 의해 인간들은 준비된 공물들을 가지고 신들에게 희생제를 지낸다. 대지에 의해 가사적인 인간들은 음식으로 즐겁게 살아간다. 이 대지가 우리에게 숨결과 생명을 제공하게 하소서, 그녀가 우리를 오래도록 살게 하소서!

대지여, 그대에게서 나온 향기, 식물들과 물들이 갖고 있는 향기, 간다르바(Gandharva)들과 압사라(Apsara)들이 가지고 있는 향기, 그 향기가 나를 향기롭게 만들면서 어느 누구도 나를 미워하지 않으리라!

연꽃 안에 들어있는 그 향기, 대지여, 옛날 수르야(Sūryā)의 결혼 때 함께 모인 불멸의 존재들의 향기 그것을 가지고 나를 향기롭게 만든다: 어느 누구도 우리를 미워하지 않으리라!

인간들 속에 있는 그대의 그 향기, 남성과 여성 속에 있는 사랑스러움과 매력, 대신들과 영웅들 속에 있는 그것, 코를 가진 야생동물(코끼리)들 속에 있는 그것, 아가씨 속에 있는 광채, 대지여, 그것을 가지고 그대 우리를 혼합하라: 어느 누구도 우리를 미워하지 않으리!

바위, 돌, 먼지가 이 대지이다; 이 대지는 함께 유지되고 붙든다. 이 황금의 가슴을 가진 대지에게 나는 존경을 표한다.

숲에서 자라난 나무들은 언제나 단단히 서 있는 대지, 우리는 모든 것을 키우고 채우는 대지에게 간절히 기도합니다.

2. 죽음의 위험에서 벗어나는 기도

(Book VIII, 시 1-27)[13]

끝내는 자에게, 죽음에게 공경을 표합니다! 당신의 들숨과 그대의 날숨이 여기 남아있게 하소서! (생명의) 혼과 이곳에서 하나되어 이 사람이 햇빛과 불사(amṛita)의 세계를 공유하면서 살게 하소서.

브하가(Bhaga)[14]는 그를 일으켜 세웠다. 소마는 그의 빛을 가지고 그를 (일으켜 세웠다). 마루뜨들 신들은 그를 (일으켜 세웠다). 인드라와 아그니는 그를 행복 속에 (일으켜 세웠다).

여기에 그대의 (생명의) 혼이 있게 하리라, 여기에 그대의 들숨이 있게 하리라, 여기에 그대의 삶이 있게 하리라, 여기에 그대의 마음이 있게 하리라! 우리는 우리의 신성한 표현으로 그대를 니르리띠(Nirṛiti: 파괴)의 노역에서 구해낸다.

인간이여, 이제 일어나라! 죽음의 족쇄를 벗어던지고 침몰하지 말아라! 아그니와 태양의 눈길로부터 세상을 끊어내지 말아라!

바람인 마따리슈완(Mātariśvan)[15]은 그대를 향해 불 것이다. 물은 그대에게 아므리따(amṛita: 불사의 감로수)를 부어 줄 것이다. 태양은 그대의 몸을 다정하게 비출 것이다! 죽음은 그대를 가엾게 여길 것이다; 약해지지 말아라!

그대 인간이여, 위로 상승하며 아래로 내려가지 말아라! 삶과

---

13) *The Sacred Books of the East*, ed., Max Müller, Vol. XLII에서 발췌.

14) 주인, 후원자의 의미이며 부와 번영을 의미하기도 한다. 리그베다에서는 태양과 관련되어 때로는 새벽이 그의 여동생으로 나타나기도 한다. 또한 아침의 신이기도 하다. - 역자 주

15) 리그베다에서는 아그니 또는 아그니와 연관된 신성한 존재를 의미하며 아타르바베다에서는 공기, 바람을 의하며 쉬바, 가루다의 아들 또는 리쉬의 이름을 의미하기도 한다.- 역자 주

각성을 내가 그대를 위해 준비한다. 진실로, 산, 이 불멸의 쾌적한 차; 그때 나이를 먹으면 그대는 그대의 가족들과 대화할 것이다!

그대의 마음은 저쪽으로 가지 않을 것이고 사라지지도 않을 것이다! 생명있는 것들에 부주의하게 되지 말아라, 조상들을 따르지 말아라! 모든 신들이 여기서 그대를 보호하리라!

행위와 멀리 떨어진 죽은 자를 바라지 말아라! 어둠에서 올라와 빛으로 오라! 우리는 그대의 손을 잡으리라.

(천상의) 길로 안내하기 위해 파견된 하나는 검고 하나는 얼룩진 야마(Yama: 죽음의 신)의 두 마리 개들을 그대여 쫓아가지 말아라! 이곳으로 오라. 떨어져 있기를 바라지 마라. 그대의 마음으로 여기서 멀리 떨어진 것에 의지하지 않게 하라!

이 길을 따르지 마라. 그것은 끔찍하다! 나는 그대가 지금까지 가지 않았던 곳에 대해 말한다. 어둠이 이것이다. 인간이여, 그 곳에 들어가지 마라! 위험은 저편에 있고 이곳이 그대에게 안전하다.

물속에 있는 불들이 그대를 보호하도록 하소서, 인간들이 피우는 (불이) 그대를 보호하게 하소서, 자따베다스 바이슈와나라(Jātavedas Vaiśvānara: 모든 사람들에게 공통되는 불)이 그대를 보호하게 하소서! 천상의 (불)이 번개와 함께 그대를 불태우지 않게 하라!

살을 먹는 (불이) 그대를 위협하지 않게 하라: 화장을 위한 장작더미로부터 멀리 떨어져라! 천상이 그대를 보호하리라, 대지가 그대를 보호하리라, 해와 달이 그대를 보호하리라, 공기가 신의 무기로부터 그대를 보호하리라!

예민하게 지켜보는 신들이 그대를 보호하게 하소서, 잠들지 않고 꾸벅꾸벅 졸고있는 그가 그대를 보호하지 않게 하소서, 보호하면서 조금도 방심하지 않는 그가 그대를 보호하게 하소서!

그들은 그대를 보호하리라, 그들은 그대를 지키리라. 그들에게 존경을 표하라. 그들을 환영하여 맞이하라!

살아있는 바유, 인드라, 드하따르(Dhātar: 창조주, 유지자) 그리고 경외로운 사비따르(Savitar: 태양의 신)와 대화하면서 그대에게 들어간다; 호흡과 힘은 그대를 떠나지 않으리라! 그대(생명의) 영혼이여 우리가 그대를 다시 부를 수 있게 하소서.

어둠이여, 턱들을 함께 끌어들이는 경련들이 그대를 우연히 만나게 하지 마소서, 아니 혀를 잡아 뜯는 악마를 만나지 않게 하소서! 그때 그대는 어떻게 해서 쇠약해질 것인가? 아디뜨야들과 바수(Vasu)들, 인드라, 그리고 아그니는 그대를 행복으로 일으켜 세우리라!

천상들, 대지 쁘라자빠띠(Prajāpati)는 그대를 구했다. 그들의 왕 소마를 가지고 식물들은 그대를 죽음에서 구해냈다.

그대 신들이여, 이 사람이 바로 여기에 남아있게 하소서, 그가 이곳에서 저곳으로 떠나가지 않게 하소서! 우리는 천배의 힘(주문)을 가지고 죽음으로부터 그를 구해낸다.

나는 죽음에서 그를 구해냈다. 힘을 제공하는 (능력들)이 그대를 숨쉬게 하리라. 머리카락을 흩날리며 (애도하는 여인들), 애처롭게 울부짖는 그들은 그대를 더 이상 울부짖게 하지 않으리라!

나는 그대를 (죽음으로부터) 움켜쥐었다, 나는 그대를 구했다; 그대는 다시 새로운 젊음으로 되돌아 왔다. 그대여, 그것은 수족의 견실한 소리이다. 그대로부터 나는 견실한 빛과 견실한 생명을 얻었다.

그것이 그대를 비춘다. 빛이 일어났고 어둠이 그대로부터 떠나갔다. 우리는 그대에게서 죽음, 파괴 그리고 병들을 제거한다.

C. 우빠니샤드(UPANISHAD)

(우빠니샤드는 매우 오랫동안 만들어졌지만
그들 대부분은 기원전 800 또는 기원전 700년 경에 생성되었다.)

1. 이샤 우빠니샤드(Īśā Upanishad)[16]

이 모든 것, 대지에서 움직이는 것은 무엇이든 신(자아) 속에 감추어져 있다. 그대가 이 모든 것에 순응할 때 그대는 즐길 수 있을 것이다. 다른 사람의 행복을 탐내지 마라.

비록 사람이 행위하면서 백년을 살기를 바라더라도 그것은 그에게 다른 방식에서가 아니라 이와 같이 있을 것이다. 행위는 인간에게 이와 같이 매달리지 않을 것이다.

맹목적인 어둠으로 뒤덮인 아수라들의 세상이 존재한다. (참된 자아에 대한 지식에 도달함이 없이 행위를 수행하는) 그들의 자아를 파괴했던 그들은 죽음이후 그들의 세계로 간다.

비록 절대로 움직이지 않더라도 그 일자(자아)는 생각보다 빠르다. 신(deva: 감각)들은 절대로 거기에 도달할 수 없다. 그것은 그들보다 앞서 걷고 있다. 비록 고요히 서 있다 하더라도 달리고 있는 다른 것들을 앞지른다. 마따리슈완(Mātariśvan: 바람, 움직이는 영혼)은 그것에 힘을 부여한다.

그것은 움직이고 움직이지 않는다. 그것은 멀리 있고 똑같이 가까이 있다. 그것은 이 모든 것의 안에 있고 이 모든 것의 밖에 있다.

16) *The Sacred Books of the East*, ed., Max Müller, Vol. I에서 발췌.

자아 속에서 모든 존재들을 보는 그, 모든 존재들 속에서 자아를 보는 그, 그는 결코 그것을 외면하지 않는다.

자아가 모든 사물이 된다는 사실을 이해할 때 어떤 슬픔과 괴로움이 그 일자를 본 사람에게 있을 수 있겠는가?

그(자아)는 빛나고, 형상없고, 손상없고, 근육들이 없으며, 순수하고 악에 물들지 않은 모든 것을 둘러싼다; 성자, 현자, 전능한 자, 스스로 존재하는 자, 그는 영원한 시간동안 모든 사물들을 올바르게 배열했다.

참된 지식(선한 행위)이 아닌 것을 경배하는 모두는 맹목적인 어둠 속으로 들어간다: 지식 속에서 빛나는 그들은 이를테면 보다 큰 어둠 속으로 들어간다.

그들은 말한다, 어떤 것은 참된 지식으로부터 얻어진다. 그들은 말한다, 다른 것은 지식이 아닌 것으로부터 얻어진다. 그와 같이 우리는 이것을 우리에게 가르쳐준 현자로부터 들었다.

동시에 지식과 지식이 아닌 것, 양자를 아는 그는 지식 아닌 것을 통해서 죽음을 극복하고 지식을 통해서 불사를 얻는다.

참된 원인이 아닌 것을 경배하는 모두는 맹목적인 어둠으로 들어간다. 참된 원인 속에서 기뻐하는 그들은 말하자면 더 큰 어둠 속으로 들어간다.

그들은 말한다, 어떤 것은 (원인에 관한 지식)으로부터 얻어진다. 그들은 말한다, 다른 것은 원인(인 지식)으로부터 얻어진다. 이와 같이 우리는 이것을 우리에게 가르쳐 준 현자로부터 들었다.

원인과 파괴(소멸하는 육체) 양자를 동시에 하는 그는 파괴에 의한 죽음을 극복하고 참된 원인에 관한 지식을 통하여 불사를 얻는다.

진실의 문은 황금 원반으로 덮여있다. 뿌샨(Pūshan: 태양)이여, 우리가 진실의 본질을 볼 수 있도록 그것을 열어라.

뿌샨이여, 유일한 성자, 야마(Yama: 판단), 수르야(Sūrya: 태양), 쁘라자빠띠의 아들이여, 그대의 광선들을 퍼뜨려서 그들을 모아라! 그대의 가장 아름다운 형상인 빛, 나는 그것을 본다. 나는 그(즉, 태양 속에 있는 사람)이다.

공기 속에 불사 속에서 숨쉬어라! 그러면 나의 이 몸은 재로 끝난다. 옴(Om)! 마음이여 기억하라! 그대의 행위들을 기억하라! 마음이여 기억하라! 그대의 행위들을 기억하라!

아그니여 우리를 선한 길에 의한 행복(지복)으로 인도하소서, 그대 모든 것을 아는 신이여! 우리로 하여금 병든 악에서 멀리하게 하소서, 완벽한 칭송을 그대에게 제공하리다(Rv. I.189.1).

2. 브리하드아란야까 우빠니샤드 (Bṛihadāraṇyaka Upanishad)

(II Adhāya, 4Brāhmaṇa)[17]

이제 야갸발꺄(Yājñavalkya)가 다른 상태로 들어가려고 하면서 말했다: “마이뜨레이(Maitreyī)여 진실로, 나는 나의 집을 떠나 (숲 속으로) 들어가려 한다. 확실히 내가 그대와 (나의 다른 부인인) 까뜨야야니(Kātyāyanī) 사이에 합의를 만들게 해 다오.”

마이뜨레이가 말했다: “나의 주인이여, 말해주세요, 만일 이 전체 대지가 부로 가득차서 나에게 속한다면 내가 그것으로 불사를 얻을 수 있나요?”

야갸발꺄가 대답했다: “아니다, 부유한 사람들의 삶이 그대의 삶이 될 것이다. 그러나 부에 의해 불사를 얻을 희망은 없다.”

---

17) *The Sacred Books of the East*, ed., Max Müller, Vol. XV에서 발췌.

그러자 마이뜨레야가 말했다: "그렇다면 내가 불사가 되지 못하는 그것으로 무엇을 할 수 있겠습니까? 나의 주인이여, (불사에 관한) 지식이 무엇인지 저에게 말해 주세요."

야갸발꺄가 대답했다: "진실로 내가 사랑하는 그대여, 그대는 훌륭하게 말했다. 이리와 앉아라. 내가 그것을 그대에게 설명해 주리라. 내가 말하는 것을 잘 새겨들어라."

그리고 그가 말했다: "진실로 당신이 남편을 사랑할 때 남편이 사랑스러운 것이 아니라 그대의 자아를 사랑하는 것이다. 그렇기 때문에 남편이 사랑스럽다.

진실로 그대가 부인을 사랑한다고 할 때 부인이 사랑스러운 것이 아니라 그대는 자아를 사랑할 수 있는 것이다. 그렇기 때문에 부인이 사랑스럽다.

진실로 그대가 아들을 사랑한다고 할 때 아들이 사랑스러운 것이 아니라 자아를 사랑할 수 있는 것이다. 그렇기에 아들이 사랑스럽다.

진실로 부를 사랑한다고 말할 때 부가 사랑스러운 것이 아니라 그대는 자아를 사랑 할 수 있는 것이다. 그렇기에 부가 사랑스럽다.

진실로 브라흐만 계급을 사랑한다고 말할 때 브라흐만 계급이 사랑스러운 것이 아니라 자아를 사랑할 수 있는 것이다. 그렇기에 브라흐만 계급이 사랑스럽다.

진실로 끄샤뜨라 계급을 사랑한다고 말할 때 끄샤뜨라 계급이 사랑스러운 것이 아니라 자아를 사랑할 수 있는 것이다. 그렇기에 끄샤뜨라 계급이 사랑스럽다.

진실로 그대가 세상을 사랑한다고 말할 때 세상이 사랑스러운 것이 아니라 자아를 사랑할 수 있는 것이다. 그렇기에 세상이 사랑스럽다.

진실로 신들을 사랑한다고 할 때 신들이 사랑스러운 것이 아니라 자아를 사랑할 수 있는 것이다. 그렇기에 신들이 사랑스럽다.

진실로 생명체들을 사랑한다고 말할 때 생명체들이 사랑스러운 것이 아니라 자아를 사랑할 수 있는 것이다. 그렇기에 생명체들이 사랑스럽다.

진실로 모든 것을 사랑한다고 할 때 모든 것이 사랑스러운 것이 아니라 자아를 사랑할 수 있는 것이다. 그렇기에 모든 것이 사랑스럽다.

진실로 마이뜨레이여, 자아는 보여지고 들려지고 지각되고 표시된 것이다. 우리가 자아를 보고, 듣고, 지각하고, 알 때 이 모든 것이 알려진다.

자아이외의 다른 장소에서 브라흐만 계급을 보는 누구든 브라흐만 계급에 의해 포기되었다. 자아이외의 다른 장소에서 끄샤뜨리야 계급을 보는 누구든 끄샤뜨리야 계급에 의해 포기되었다. 자아이외의 다른 장소에서 세상을 보는 누구든 세상에 의해 포기되었다. 자아이외의 다른 장소에서 신들을 보는 누구든 신들에 의해 포기되었다. 자아이외의 다른 장소에서 생명체들을 보는 누구든 생명체들에 의해 포기되었다. 자아이외의 다른 장소에서 모든 것을 보는 누구든 모든 것에 의해 포기되었다. 이 브라흐만 계급, 끄샤뜨리야 계급, 이 세계들, 이 신들, 이 생명체들, 이 모든 것들, 모두가 그 자아이다.

마치 북이 두드려졌을 때 그 소리가 외부로 포착될 수 없지만 북이 포착되거나 북을 두드리는 자가 포착되면 그 소리가 포착되듯이;

마치 소라나팔을 불 때 그 소리가 외부에서 포착될 수 없지만 소

라 또는 소라를 부는 자가 포착되면 소리가 포착되듯이;

현악기를 연주할 때 그 소리가 외부에서 포착될 수 없지만 현악기나 현악기 연주자가 포착되면 그 소리가 포착되듯이;

축축한 연료를 가지고 밝은 불을 피우는 과정에서 연기가 나듯이 마이뜨레이여, 진실로 우리가 가지고 있는 리그베다, 야주르베다, 사마베다, 아타르바앙기라사(Atharvāṅgirasa)들, 이띠하사(Itihāsa: 전설들), 뿌라나(Purāṇa: 우주생성론), 비드야(Vidyā: 지식), 우빠니샤드, 슐로까(Śloka: 시)들, 수뜨라(Sūtra: 산문 규칙)들, 아누브야캬나(Anuvyākhyāna: 주석)들, 브야캬나(Vyākhyāna: 해설서)들이 이 위대한 존재로부터 솟구쳐 나왔다. 오직 그로부터 이 모든 것들이 솟아 나왔다.

마치 모든 물들이 바다에서 그들의 중심지를 발견하고, 모든 접촉이 피부에서, 모든 맛이 혀에서, 모든 냄새들이 코에서, 모든 색깔들이 눈에서, 모든 소리들이 귀에서, 모든 지각들이 마음에서, 모든 지식들이 가슴에서, 모든 베다들이 말에서 중심지를 발견하는 것처럼, -

마치 물에 던져진 소금 덩어리가 물속에 녹아들어 다시는 그것을 취할 수 없는 것처럼, 그와 같이 마이뜨레이여, 진실로 끝이 없고, 무한하며, 지식이외에 아무 것도 아닌 이 위대한 존재는 이들 요소들로부터 나와서 다시 그들 속으로 사라진다. 마이뜨레이여, 나는 말한다, 그가 떠나면 더 이상의 지식은 존재하지 않는다." 야갸발꺄는 이와 같이 말했다.

그러자 마이뜨레이가 말했다: "이제 당신이 떠난다면 더 이상 지식이 없다고 말할 때 당신은 나를 당혹스럽게 만들었습니다."

그러나 야갸발꺄가 대답했다: "마이뜨레이여, 나는 혼란스러운 것은 아무 것도 말하지 않는다. 사랑스런 이여, 지혜를 위해서는 이것으로 충분하다.

말하자면 이원성이 있다면 다른 것을 보고 다른 것을 냄새맡고 다른 것을 듣고 다른 것에 경의를 표하고 다른 것을 지각하고 다른 것은 안다. 그러나 자아만이 이 모든 것이라면 어떻게 그가 다른 것을 냄새맡고 다른 것을 보고 다른 것을 듣고 다른 것을 경배하고 다른 것을 지각하고 다른 것을 알 수 있겠는가? 어떻게 그에 의해 이 모든 것을 아는 그를 알 수 있겠는가? 사랑하는 이여, 어떻게 그가 아는 자를 알겠는가?"

2. 브리하드아란야까 우빠니샤드 (Bṛihadāraṇyaka Upanishad)

(II Adhāya, 8Brāhmaṇa)[18]

그때 바짜끄나비(Vācaknavī)가 말했다: "존경하는 브라흐마나여, 나는 그에게 두 가지 질문이 있습니다. 만일 그가 그것들에 대해 대답한다면 브라흐만(Brahman)에 관한 어떠한 논쟁에서 당신들 가운데 어느 누구도 그를 이길 수 없을 것이라고 저는 생각합니다."

야갸발꺄가 말했다: "가르기(Gārgi)여, 질문하시오."

그녀가 말했다: "야갸발꺄여, 까쉬(Kāśī) 또는 비데하(Videha) 가문의 전사의 아들이 싸움터에서 느슨해진 활줄을 매어 두 방향으로 적의 머리를 꿰뚫는 화살을 날리는 것처럼, 나는 두 가지 질문으로 당신과 논쟁을 하려 합니다. 이 질문들에 대해 대답해 주십시오."

18) *The Sacred Books of the East*, ed., Max Müller, Vol. XV에서 발췌.

야갸발꺄가 말했다: "가르기여, 질문하시오."

그녀가 말했다: "야갸발꺄여, 그들이 하늘 위에도 있고, 대지 아래에도 있다고 말하는 것, 씨줄과 날줄처럼 엮여있는 그것이 무엇인지 나에게 말해 주세요."

야갸발꺄가 말했다: "그들이 하늘에도 있고 대지아래에도 있으며 하늘과 땅, 과거, 현재 미래를 감싸는 것이라고 말하는 것, 그것은 씨줄과 날줄처럼 엮여서 에테르(ākāśa)안에 있다."

그녀가 말했다: "야갸발꺄여, 나는 그 질문을 풀어주신 당신께 고개 숙여 절합니다. 이제 당신께 두 번째 질문을 하겠습니다."

야갸발꺄가 말했다: "가르기여, 질문하시오."

가르기가 말했다: "야갸발꺄여, 그들이 하늘에도 있고 대지아래에도 있으며 하늘과 땅, 과거, 현재, 미래를 감싸는 것이라고 말하는 것, 씨줄과 날줄처럼 엮여있는 그것은 무엇입니까?"

야갸발꺄가 말했다: "그들이 하늘에도 있고 대지 아래에도 있으며 하늘과 땅, 과거, 현재 미래를 감싸는 것이라고 말하는 것, 그것은 씨줄과 날줄처럼 엮여서 에테르(ākāśa)안에 있다."

가르기가 말했다: "그러면 씨줄과 날줄처럼 엮여있는 에테르는 무엇 속에 있습니까?"

그가 말했다: "가르기여, 브라흐마나들은 이것을 악샤라(Akshara: 불멸)라고 부른다. 그것은 거친 것도 미세한 것도 아니고, 짧은 것도 긴 것도 아니며, (불처럼) 붉은 색도 (물처럼) 유동적인 것도 아니다. 그것은 그림자가 없고, 어둠도 없으며, 공기도 없고, 냄새도 없고, 눈도 없고, 귀도 없고, 말도 없고, 마음도 없고, 빛(활력)도 없고, 숨도 없고, 입 (또는 문) 도 없고, 척도도 없고, 바깥 없으며 그것은 아무 것도 삼키지 않고 누구도 그것을 삼킬 수도 없다.

가르기여, 악샤라의 명령에 의해 해와 달은 따로 서 있다. 가르기여, 악샤라의 명령에 의해 하늘과 땅이 따로 서 있다. 가르기여, 악샤라의 명령에 의해 순간들(nimesha), 시간들(muhūrta), 낮과 밤들, 반달들, 달들, 계절들, 년들, 모두가 따로 서있다. 가르기여, 악샤라의 명령에 의해 강들이 흰색 산들로부터 동쪽으로 흐르고, 다른 것들은 서쪽으로, 또 다른 것들은 사방으로 흐른다. 가르기여, 악샤라의 명령에 의해 사람들은 수여하는 자를 칭송하고, 신들은 희생제를 따르며, 조상들은 다르비(Darvī)- 공양을 따른다.

가르기여, 악샤라를 알지 못하면서 이 세상에서 공물을 제공하고, 희생제를 드리고, 천년동안 고행을 실천한 누구라도 그의 행위는 끝을 맺을 것이다. 가르기여, 이 악샤라를 알지 못한 채 이 세상을 떠나는 누구라도 (노예처럼) 비참하다. 가르기여, 그러나 이 악샤라를 알고 이 세상을 떠나는 그는 브라흐마나이다."

"가르기여, 그 브라흐만은 보여지지 않지만 본다; 들리지 않지만 듣는다; 지각되지 않지만 지각한다; 알져지지 않지만 안다. 그것이외에 보는 것은 아무 것도 없다, 그것이외 듣는 것은 아무 것도 없다, 그것이외 지각하는 것은 아무 것도 없다, 그것이외에 아는 것은 아무 것도 없다. 가르기여, 이 때문에 그 악샤라 안에 에테르는 씨줄과 날줄처럼 엮여 있다."

그러자 가르기가 말했다. "존경하는 브라흐마나들이여, 만일 당신이 그 앞에 고개를 숙이고 떠난다면 당신들은 그것을 위대한 것이라고 간주할 수 있습니다. 나는 어느 누구도 브라흐만에 관한 논쟁에서 그를 물리칠 수 없을 것이라고 믿습니다." 그 후 바짜끄나비는 그녀의 평온함을 유지했다.

2. 찬도갸 우빠니샤드 (Chāndogya Upanishad)

(VI Prapāthaka)[19]

첫 번째 Khaṇḍa

하리 옴(Harih, Om). 언젠가 슈웨따께뚜 아루네야(Śvetaketu Āruṇeya: 아루나의 손자)가 살았다. 그에게 그의 아버지(Uddālaka: 아루나의 아들)가 말했다: "슈웨따께뚜여, 학교에 가거라; 우리 종족 가운데 어느 누구도 배우지 않고 이른바 단지 출생에 의해서만 브라흐민인 사람은 없기 때문이다."

그가 (스승 밑에) 견습생으로 시작해서 12년 동안 지낸 후에 아버지에게로 되돌아 왔다; 그는 모든 베다를 배워 24살이 되었다. 그는 암송하고 스스로 잘 읽는다고 생각했고 엄격했다.

그의 아버지가 그에게 말했다: "스웨따께뚜여, 매우 암송을 잘하고 스스로 잘 읽는다고 생각하며, 엄격한 것처럼 나의 아들아, 우리가 그것에 의해 들려질 수 없는 것을 듣고, 지각될 수 없는 것을 지각하고, 알려질 수 없는 것을 아는 것에 대한 가르침에 대해 물어 본 적이 있느냐?"

'아버지, 그 가르침이 무엇입니까?'하고 그가 물었다.

아버지가 대답했다: "아들아, 한 덩어리 진흙으로 진흙에 의해 만들어지는 모든 것이 알려지는 것처럼 차이는 단지 말에 의해 일어나는 이름에 의한 것일 뿐 모든 것이 진흙이라는 사실이 참이다;

그리고 나의 아들아, 하나의 금덩어리에 의해 금으로 만들어진

19) *The Sacred Books of the East*, ed., Max Müller, Vol. I에서 발췌.

모든 것이 알려지며 차이는 단지 말에 의해 일어나는 이름에 의한 것일 뿐 진실은 모든 것이 금이라는 사실이다;

또한 나의 아들아, 한 쌍의 손톱가위에 의해 철로 만들어진 모든 것이 알려지고 차이는 단지 말에 의해 일어난 이름일 뿐 진실은 모든 것이 철이라는 사실이다. 그러므로 나의 아들아 이와 같은 것이 그 가르침이다."

아들이 말했다: "확실히 그들 공경 받는 사람들(나의 스승들)은 그것을 알지 못했습니다. 만일 그들이 그것을 알았다면 왜 저에게 그것을 말하지 않았을까요? 아버지, 그러므로 저에게 그것을 말해주십시오." '그렇게 하도록 하마'하고 아버지가 말했다.

두 번째 Khaṇḍa

"나의 아들아 태초에 둘 아닌 일자만이 존재했다. 다른 사람들은 태초에 둘 아닌 일자만이 아닌 것만이 존재했고 존재하지 않는 것으로부터 그것이 태어났다고 말한다."

"그러나 나의 아들아, 어떻게 그럴 수 있겠는가?": 아버지는 계속했다. "어떻게 존재하지 않는 것으로부터 존재하는 것이 태어날 수 있겠는가? 아니, 나의 아들아, 오직 태초에 둘 아닌 일자만이 존재했다."

그것은 '내가 많아지리라, 나는 성장하리라'고 생각했다. 그것은 불을 내놓았다.

그 불은 '내가 많아지리라, 나는 자라나리라'고 생각했다. 그것은 물을 내놓았다.

그렇기 때문에 누구든 어디서나 더워서 땀을 흘릴 때면 언제든 불 단독으로부터 그에게 물이 산출된다.

물은 '내가 많아지리라 나는 자라나리라'고 생각했다. 그것은 흙(음식)을 내놓았다.

그렇기 때문에 어느 장소든 비가 오면 대부분의 음식이 그때 산출된다. 물 단독으로부터 먹을 수 있는 음식이 산출된다.

세 번째 Khaṇḍa

모든 살아있는 사물들에 의해 진실로 세 가지 기원들만이 존재한다. 알로부터 나오는 것(oviparous), 살아있는 존재로부터 나오는 것(viviparous) 그리고 싹으로부터 나오는 것.

그 존재(즉, 불, 물, 흙을 산출한 것)는 생각했다. 나는 이제 이 살아있는 자아(jīva, ātmā)를 가지고 그 세 가지 존재들(불, 물, 흙) 속으로 들어가리라. 그리고 이제 이름들과 형상들을 드러내리라.

그리고 나서 그 존재는 말했다. 나는 이들 각각을 세 갈래로 만들어 (그리하여 불, 물 흙은 각각 주된 성분과 나머지 둘의 혼합물을 갖게 되었다) 이 살아있는 자아가 그 세 존재들 속으로 들어가 이름들과 형상들을 드러냈다.

그는 이 세 갈래의 각각을 만들었다; 이 세 존재들은 그들 각각 세 갈래가 되었다. 나의 친구여, 이제 나로부터 그에 대해 배우도록 하여라!

네 번째 Khaṇḍa

타는 불(agni)의 붉은 색은 불의 색이고, 불의 흰색은 물의 색이고 불의 검은 색은 흙의 색이다. 그와 같이 우리가 단지 다양성으로서 말로부터 나온 이름인 불이라고 부르는 것이 사라진다. 참된 것(satya)은 세 가지 색깔 또는 형상들이다.

태양(āditya)의 붉은 색은 불의 색, 물의 흰색, 흙의 검은 색이다. 그와 같이 우리가 단지 다양성으로서 말로부터 나온 이름인 불이라고 부르는 것이 사라진다. 참된 것은 세 가지 색깔들이다.

달의 붉은 색은 불의 색, 물의 흰색, 흙의 검은 색이다. 그와 같이 우리가 단지 다양성으로서 말로부터 나온 이름인 불이라고 부르는 것이 사라진다. 참된 것은 세 가지 색깔들이다.

번갯불의 붉은 색은 불의 색, 물의 흰색, 흙의 검은 색이다. 그와 같이 우리가 단지 다양성으로서 말로부터 나온 이름인 불이라고 부르는 것이 사라진다. 참된 것은 세 가지 색깔들이다.

이것을 알았던 위대한 가정생활자와 위대한 나이든 종교인들은 이렇게 말했다. "이후 우리에게 우리가 듣거나 지각하거나 알지 못했던 것을 말할 수 있는 사람을 없을 것이다." 이들(세 가지 색깔들 또는 형상들)을 가지고 그들은 모든 것을 알았다.

그들이 붉은 색을 보고 생각했던 것은 무엇이든 그들이 안 것은 불의 색이었다. 그들이 흰색 색을 보고 생각했던 것은 무엇이든 그들이 안 것은 물의 색이었다. 그들이 검은 색을 보고 생각했던 것은 무엇이든 그들이 안 것은 흙의 색이었다.

그들이 함께 알려지지 않았다고 생각했던 것은 무엇이든 그들이 안 것은 그 세 가지 존재들(devatā)의 결합이었다.

나의 친구여, 이제는 어떻게 그들 세 존재들이 인간에게 이를 대 그들 각각이 세 갈래가 되는지에 대해 나에게 배우도록 하여라.

다섯 번째 Khaṇḍa

먹은 흙(음식)은 세 가지가 된다; 가장 거친 부분은 대변이 되고 중간부분은 살이 되고 가장 미세한 부분은 마음이 된다.

마신 물은 세 가지가 된다; 가장 거친 부분은 물이 되고 중간부분은 피가 되고 가장 미세한 부분은 호흡이 된다.

먹은 불(기름, 버터 등으로)은 세 가지가 된다; 가장 거친 부분은 뼈가 되고 중간부분은 골수가 되고 가장 미세한 부분은 말이 된다.

'아버지, 저에게 더 알려 주십시오'라고 아들이 말했다.

'나의 아이여, 그렇게 하도록 하자'라고 아버지가 대답했다.

여섯 번째 Khaṇḍa

휘저어 졌을 때 커드의 미세한 부분이 위로 올라 온 것이 버터가 된다.

나의 아이야, 이와 같은 방식으로 먹었을 때 흙(음식)의 미세한 부분이 위로 올라와서 마음이 된다. 물을 마셨을 때 물의 미세한 부분이 위로 올라와서 숨이 된다.

불이 다 탔을 때 불의 미세한 부분이 위로 올라와서 말이 된다.

'아버지, 저에게 더 알려 주십시오'라고 아들이 말했다.

'나의 아이여, 그렇게 하도록 하자'라고 아버지가 대답했다.

일곱 번째 Khaṇḍa

나의 아들아, 인간(purusha)는 16부분들로 구성된다. 15일 동안 음식을 먹지 않고 오직 네가 원하는 만큼의 물만 마셔라. 그러면 물로부터 숨이 나오기 때문에 만일 네가 물을 마신다면 너는 죽지 않을 것이다.

슈웨따께뚜는 15일 동안 음식을 금했다. 그리고 나서 아버지에게 가서 말했다. '제가 뭐라고 말해야 하나요?' 아버지가 말했다: '리그, 야주르 그리고 사마의 시들을 읊어 보아라.' 그가 대답했다: '아버지, 그것들이 저에게 떠오르지 않습니다.'

아버지가 그에게 말했다: '크게 빛나는 불의 경우 이것(이 작은 것) 보다 더 큰 것을 태울 수 없는 하나의 반딧불이 크기만 한 연료가 남게 되듯이 나의 사랑하는 아들아, (너의) 16부분들 가운데 오직 한 부분만이 남게 되어 그 한 부분을 가지고 너는 베다를 기억하지 못한다. 가서 먹도록 하여라!'

'그러면 너는 나를 이해할 수 있을 것이다.' 이 후 슈웨따께뚜는 먹고 나서 아버지에게 다가갔다. 그리고 그의 아버지가 묻는 것이 무엇이든 그는 진심으로 그 모든 것을 알았다. 그의 아버지가 그에게 말했다:

'크게 빛나는 불의 경우 하나의 반딧불이 크기만 한 연료가 남는다면 풀들을 모아 다시 불을 피울 수 있도록 할 수 있는 것처럼 그와 같이 이보다 더한 것도 태울 수 있을 것이다.'

'사랑하는 아들아, 그와 같이 너에게 16부분들 가운데 하나가 남아 음식으로 밝게 하고 태워 그것에 의해 너는 이제 베다를 기억한다.' 그 후 그는 그의 아버지가 의미한 것을 이해하자 그가 말했다. '나의 아들아, 마음은 음식으로부터, 호흡은 물로부터, 말은 불로부터 온다.' 그는 그가 말한 것을 이해했다. 그는 그것을 이해했다.

여덟 번째 Khaṇḍa

웃달라까 아루니(Uddālaka Ārunī)가 그의 아들 슈웨따께뚜에게 말했다: "잠(svapna)의 참된 성질에 대해 나에게 배우도록 하여라. 나의 사랑하는 아들아, 어떤 사람이 여기서 잠이 들어 참과 결합하게 되면 그는 그 자신의 (자아로) 간다. 그렇기 때문에 그들은 그가 잠들었다고 말한다(svapiti). 왜냐하면 그는 자기 자신(sva)으로 갔기(apīta) 때문이다.

한 마리 새가 끈에 묶인 채 모든 방향으로 날아다니다 어느 곳에서도 쉴 곳을 찾지 못한 채 지쳤을 때 마지막에 그가 묶여 있던 장소에 내려앉은 것처럼 나의 아들아, 이와 똑같이 마음(jīva, 마음 안에 있는 살아있는 자아, VI.3.2를 볼 것)은 모든 방향으로 날아다니다 어느 곳에서도 쉴 곳을 찾지 못한 후에 호흡에 자리잡는다. 나의 아들아, 진실로 마음은 호흡에 묶여 있다.

나의 아들아, 배고픔과 갈증이 무엇인지 나에게 배우도록 하여라. 사람이 배가 고플 때 물이 그가 먹은 것을 데려간다(소화시킨다). 그렇기 때문에 그들이 소의 인솔자(go-nāya), 말의 인솔자(aś-va-nāya), 인간의 인솔자(purusha-nāya)라고 말하는 것처럼 그들은 (음식을 소화시켜 배고픔을 야기하는) 물을 음식의 인솔자(aśa-nāya)라고 부른다. 나의 아들아, 이와 같이 이 파생물이 낳게 된 것을 알아라. 왜냐하면 이(몸)는 뿌리(원인)없이 존재할 수 없기 때문이다.

음식(흙)을 제외하고 뿌리가 어디에 존재할 수 있겠는가? 같은 방식으로 나의 아들아, 음식 또한 파생물이기 때문에 그의 뿌리인 물을 찾는다. 불 또한 파생물이기 때문에 그의 뿌리인 진리를 찾는다. 그래, 나의 아들아, 이 모든 창조물들은 진리를 그의 뿌리로 갖고 진리 속에서 살며 진리에 의지한다.

이와 같이 어떤 사람이 목이 마르다고 말해질 때 불은 그가 마신 것을 데려간다. 그렇게 때문에 그들이 소의 인솔자(go-nāya), 말의 인솔자(aśva-nāya), 인간의 인솔자(purusha-nāya)라고 말하는 것처럼 그들은 불을 갈증(udanyā) 즉 물의 인솔자라고 부른다. 나의 아들아, 이와 같이 (물에 의해 소화됨으로써) 이 파생물(몸)이 낳아지게 된 것임을 알아라. 이것(몸)은 뿌리(원인)없이 존재할 수 없다.

물 없이 그의 뿌리가 어디에 있을 수 있겠는가? 물이 파생물이기 때문에 그 뿌리 즉 불을 찾는다. 불이 파생물이기 때문에 그의 뿌리인 진리를 찾는다. 그래, 아들아, 이 모든 창조물들은 진리를 그의 뿌리로 갖고 진리 속에서 살며 진리에 의지한다.

나의 아들아, 어떻게 불, 물, 흙이 인간에게 도달할 때 이 세 가지 존재들(devatā) 그들 각각이 세 부분들이 되는지에 대해서는 이미 앞(VI.4.7)에서 말했다. 사람이 이곳을 떠날 때 그의 말은 그의 마음속으로 녹아들고, 그의 마음은 호흡 속으로, 그의 호흡은 열(불) 속으로, 열은 가장 높은 존재 속으로 녹아든다.

이제 미세한 핵심(모든 것의 뿌리), 그 속에 모든 것이 존재하는 그것이 그의 자아이다. 그것이 진리이다. 그것이 자아이다. 슈웨따께뚜여, 네가 그것이다."

'아버지, 저에게 더 알려 주십시오'라고 아들이 말했다.

'나의 아들아, 그렇게 하도록 하자'라고 아버지가 대답했다.

아홉 번째 Khaṇḍa

"나의 아들아, 마치 벌들이 먼 곳에 있는 나무들의 즙을 모아 그 즙을 하나의 형상으로 바꾸어 꿀을 만들 듯이,

그리고 이 즙들이 '나는 이 나무 또는 저 나무의 즙'이라고 말할지라도 그것들이 구별되지 않듯이 이와 같은 방식으로 나의 아들아, 그들이 진리 속(깊은 숙면 또는 죽음)에 녹아들어가게 되면 그들이 진리에 녹아들었다는 사실을 알지 못한다.

여기에 존재하는 이 창조물들이 무엇이든 그것이 사자이든 아니면 여우이든 아니면 야생돼지이든, 벌레든, 깔따구이든, 개미이

든, 모기이든 그들은 거듭해서 그것이 된다.

이제 미세한 핵심인 것, 그 속에 존재하는 모든 것은 자아를 갖는다. 그것은 진리이고 그것은 자아이며 슈웨따께뚜여, 네가 그것이다."

'아버지, 저에게 더 알려 주십시오'라고 아들이 말했다.

'나의 아들아, 그렇게 하도록 하자'라고 아버지가 대답했다.

열 번째 Khaṇḍa

"나의 아들아, 이 강들은 동쪽을 향해서 (Gangā처럼) 동쪽으로, 서쪽을 향해서 (Sindhu처럼) 서쪽으로 흐른다. 그들은 바다에서 바다로 간다(구름이 바다에서 하늘로 물을 들어 올리고 그것을 다시 비로 바다에 보내 것과 같다). 그들은 진실로 바다가 된다. 그 강들이 그들이 바다로 흘러들어갈 때 나는 이 강 또는 저 강이라고 알지 못하듯이,

이와 같은 방식으로 나의 아들아, 이 모든 창조물들은 그들이 진리로 되돌아가면 진리로 되돌아왔다고 알지 못한다. 여기에 존재하는 이 창조물들 무엇이든 그것이 사자이든 아니면 여우이든 아니면 야생돼지이든, 벌레든, 깔따구이든, 개미이든, 모기이든 그들은 거듭해서 그것이 된다.

이제 미세한 핵심인 것, 그 속에 존재하는 모든 것은 자아를 갖는다. 그것은 진리이고 그것은 자아이며 슈웨따께뚜여, 네가 그것이다."

'아버지, 저에게 더 알려 주십시오'라고 아들이 말했다.

'나의 아들아, 그렇게 하도록 하자'라고 아버지가 대답했다.

열한 번째 Khaṇḍa

"만일 어떤 사람이 여기에 있는 이 커다란 나무의 뿌리를 친다면 그것은 피는 흘릴 수 있지만 살아있다. 만일 그가 줄기를 친다면 그것은 피는 흘리지만 살아있다. 만일 그가 맨 윗부분을 친다면 그것은 피는 흘리지만 살아있다. 나무가 확고하게 서서 자양분을 마시면서 기뻐하는 것은 살아있는 자아가 골고루 스며들어 있기 때문이다;

그러나 만일 그 생명(살아있는 자아)이 나뭇가지들 가운데 하나를 떠나버리면 그 가지는 말라 죽는다. 만일 그것이 두 번째 것을 떠나면 그 가지는 말라 죽는다. 만일 그것이 세 번째 것을 떠나면 그 가지는 말라 죽는다. 만일 그것이 나무 전체를 떠나버리면 나무전체가 말라 죽는다. 아들아, 이와 똑같은 방식으로 이것을 알아라."

그는 이와 같이 말했다:

"진실로 이것(신체)은 살아있는 자아가 그것을 떠나면 말라 죽는다. 살아있는 자아는 죽지 않는다.

이제 미세한 핵심인 것, 그 속에 존재하는 모든 것은 자아를 갖는다. 그것은 진리이고 그것은 자아이며 슈웨따께뚜여, 네가 그것이다."

'아버지, 저에게 더 알려 주십시오'라고 아들이 말했다.

'나의 아들아, 그렇게 하도록 하자'라고 아버지가 대답했다.

열두 번째 Khaṇḍa

"냐그로다(Nyagrodha) 나무의 열매를 나에게 가져오너라."

"여기 있습니다, 아버지."

"그것을 잘라 보아라."

"잘랐습니다, 아버지."

"너는 거기에서 무엇이 보이느냐?"

"아주 작은 씨들을 봅니다."

"그들 가운데 하나를 잘라보아라."

"잘랐습니다, 아버지."

"너는 거기에서 무엇이 보이느냐?"

"아무 것도 보이지 않습니다, 아버지."

아버지가 말했다: "나의 아들아, 네가 거기에서 지각하지 못하는 그 미세한 핵심, 바로 그 미세한 핵심에 의해 이 거대한 냐그로다 나무가 존재한다.

나의 아들아, 그것을 믿어라. 미세한 핵심인 그것 그 속에서 존재하는 모든 것은 자아를 갖는다. 그것은 진리이고 그것은 자아이며 슈웨따께뚜여, 네가 그것이다."

'아버지, 저에게 더 알려 주십시오'라고 아들이 말했다.

'나의 아들아, 그렇게 하도록 하자'라고 아버지가 대답했다.

열세 번째 Khaṇḍa

"이 소금을 물속에 넣은 다음 아침에 나에게 가져 오너라."

아들은 아버지가 명령한 대로 했다.

아버지가 그에게 말했다: "지난 밤 네가 물속에 넣은 소금을 나에게 가져 오너라."

아들은 그것을 찾아보았지만 당연히 그것이 물에 녹아버렸기 때문에 그것을 발견할 수 없었다.

아버지가 말했다: "물의 표면을 맛을 보도록 하여라, 어떠냐?"

아들이 대답했다: "짭니다."

"물의 중간을 맛을 보도록 하여라, 어떠냐?"

아들이 대답했다: "짭니다."

"물의 맨 밑바닥을 맛을 보도록 하여라, 어떠냐?"

아들이 대답했다: "짭니다."

아버지가 말했다: "그것을 던져 버리고 나서 나에게 와라."

그는 그렇게 했다; 그러나 소금을 영원히 존재한다.

그때 아버지가 말했다: "나의 아들아, 여기 있는 이 몸 또한 그러하다. 진실로, 너는 진리(Sat)를 지각하지 못한다. 그러나 실제로 그것은 거기에 존재한다.

미세한 핵심인 그것 그 속에서 존재하는 모든 것은 자아를 갖는다. 그것은 진리이고 그것은 자아이며 슈웨따께뚜여, 네가 그것이다."

'아버지, 저에게 더 알려 주십시오'라고 아들이 말했다.

'나의 아들아, 그렇게 하도록 하자'라고 아버지가 대답했다.

열네 번째 Khaṇḍa

"어떤 사람이 눈이 가려진 사람을 간다라(Gandhāra)로 인도하면서 그를 사람들이 없는 장소에 데려다 놓고 떠나버리는 것처럼, 그리고 그 사람이 동쪽 또는 북쪽 또는 서쪽으로 향하면서 '나는 가려진 눈으로 여기 왔다, 나는 가져진 눈으로 여기를 떠났다'라고 소리치는 것처럼,

그리고 곧바로 어떤 사람이 그의 붕대를 풀어주고 그에게 '그 방향으로 가시오. 그 속이 간다라입니다. 그 방향으로 가시오'라고 말하는 것처럼, 그리고 곧바로 정보를 얻어 스스로 판단할 수 있

게 된 그는 이 마을 저 마을에서 길을 물어 결국 간다라에 도착하는 것처럼, 이와 똑같은 방식으로 그는 스승을 만나 가르침을 받고 참된 진리를 얻어야 한다. 그에게는 (몸으로부터) 벗어나지 못하는 만큼만 늦어질 뿐이다. 그 다음에 그는 완전하게 될 수 있다.

미세한 핵심인 그것 그 속에서 존재하는 모든 것은 자아를 갖는다. 그것은 진리이고 그것은 자아이며 슈웨따께뚜여, 네가 그것이다."

'아버지, 저에게 더 알려 주십시오'라고 아들이 말했다.

'나의 아들아, 그렇게 하도록 하자'라고 아버지가 대답했다.

열다섯 번째 Khaṇḍa

"만일 어떤 사람이 병이 들어 친지들이 그의 주위에 모여 '너는 나를 알겠는가?, 너는 나를 알아보겠니?'라고 묻는다면 그의 말이 마음속으로, 마음이 호흡 속으로, 호흡이 열(불) 속으로, 열이 최상의 존재(devatā) 속으로 녹아들어가지 않는 한 그는 그들을 안다.

그러나 그의 말이 마음속으로, 마음이 호흡 속으로, 호흡이 열(불) 속으로, 열이 최상의 존재(devatā) 속으로 녹아들어간다면 그는 그들을 알지 못한다.

미세한 핵심인 그것 그 속에서 존재하는 모든 것은 자아를 갖는다. 그것은 진리이고 그것은 자아이며 슈웨따께뚜여, 네가 그것이다."

'아버지, 저에게 더 알려 주십시오'라고 아들이 말했다.

'나의 아들아, 그렇게 하도록 하자'라고 아버지가 대답했다.

열여섯 번째 Khaṇḍa

"나의 아들아, 그들이 어떤 사람을 잡아 여기로 데려와 '그는 어떤 것을 가졌다. 그는 도둑질을 했다'라고 말한다. (그가 그것을 부인하면 그들은) '그를 위해 도끼를 불에 달구어라'라고 말한다. 그가 도둑질을 했더라도 그는 자기가 하지 않은 것이라고 주장한다. 그러면 거짓말로 자신의 참된 자아를 덮어버림으로써 옳지 않은 생각을 한 그는 뜨거운 도끼를 붙잡게 되고 그는 불에 타서 죽게 된다.

그러나 만일 그가 도둑질을 하지 않았는데 그가 한 것이라고 한다면 진실로 자신의 자아를 덮게 된 참된 마음을 가진 자는 달궈진 도끼를 손으로 잡아도 그는 불타지 않고 구제된다.

그 (진실한) 사람이 불타지 않는 것처럼 모든 것은 그 속에 자아가 존재한다. 그것은 진리이고 그것은 자아이며 슈웨따께뚜여, 네가 그것이다." 그(아들)는 그(아버지)가 말한 것을 이해했다. 그는 그것을 이해했다.

2. 문다까 우빠니샤드 (Muṇḍaka Upanishad)

(III Muṇḍaka)[20]

첫 번째 Khaṇḍa

서로 떨어지지 않는 친구인 두 마리 새들이 같은 나무에 앉아 있다. 그들 가운데 한 마리는 달콤한 열매들을 먹고 있고 다른 한 마리는 그것을 먹지 않고 지켜보고 있다.

같은 나무에 한 사람이 앉아 자신의 무능함(an-īśā)을 슬퍼하고, 상심하며 당혹해 하고 있다. 그러나 그가 다른 주님(īśā)을 보고 기뻐하고, 그의 은총을 안다면 그의 슬픔은 사라진다.

보는 자(목격자)가 눈부신 조물주(maker)와 (세상의) 주님을 브라흐만 속에 그의 근원을 갖는 사람(Purusha)으로 본다면 그는 현명하고 선과 악을 떨쳐내고 최상의 일자에 도달해 격정을 벗어난다.

그는 모든 존재들 속에서 빛나는 호흡이기 때문에 이것을 이해한 그는 진실로 현명하게 되고 단지 말하는 자에 머물지 않는다. 그는 자아를 드러낸다. 그는 자아 속에서 빛난다. 그의 행위(진실함, 고행, 명상 등등)를 완수함으로써 브라흐만에 확고하게 세워지고 브라흐만을 아는 자들 가운데 으뜸이 된다.

진실로, 진실함에 의해서, 고행, 올바른 지식, 금욕에 의해서 그 자아가 얻어져야 한다. 티끌하나 없는 은둔자들이 얻은 자아는 순수하다. 그것은 마치 몸안에 있는 빛과 같다.

거짓이 아닌 진리가 만연한다; 진리에 의해 길이 펼쳐진다. 그 길은 나이든 성자들이 그들의 바람에 만족하고 참된 일자의 가장

20) *The Sacred Books of the East*, ed., Max Müller, Vol. XV에서 발췌.

높은 장소로 나아가는 신들의 길(devayānah)이다.

그것(참된 브라흐만)은 웅장하고 신성하며 인식할 수 없고 작은 것보다 더 작게 빛난다. 그것은 멀리 있는 것 너머 멀리 있으면서 그러나 여기 가까이 있다. 그것은 심지어 여기서 그것을 보는 사람들 사이에서도 (심장의) 동굴 속에 감추어져 있다.

그는 눈에 의해서 파악되지 않으며 말에 의해서도, 다른 감각들에 의해서도, 고행에 의해서도 또는 선한 행위에 의해서도 파악되지 않는다. 인간의 본성이 지식의 고요한 빛에 의해 정화되면 그는 부분이 없는 것으로 그를 명상함으로써 그를 본다.

미세한 자아는 생각(cetas)에 의해서 알려지는 것이다. 거기에서 숨은 다섯 가지로 들어간다. 인간의 모든 생각은 감각과 섞여있으며 생각이 정화되면 자아가 일어난다.

말하는 것이 무엇이든 그의 본성이 정화된 인간은 상상하고 바라는 것이 무엇이든 그는 (자신을 위해서 또는 다른 사람을 위해서) 바란다. 그가 말하는 것을 정복하고 그들이 바라는 것을 그는 얻는다. 그러므로 행복을 바라는 모든 사람들이 자아를 아는 사람을 경배하도록 하라.

두 번째 Khaṇḍa

그(자아를 아는 자)는 그 속에 모든 것이 포함되고 밝게 빛나는 브라흐만의 최상의 집을 안다. 행복을 갈망하지 않고 그 사람을 경배하는 현자는 이 씨앗을 초월한다(그는 다시 태어나지 않는다).

그 자아는 베다에 의해 얻어질 수 없고, 이해에 의해서도, 많은 배움에 의해서도 얻어질 수 없다. 자아가 선택한 그는 그에 의해 자아가 얻어질 수 있다. 자아가 자신으로 그(그의 몸)를 선택한다.

그 자아는 힘이 없는 사람에 의해 얻어지는 것이 아니고 진지함 없이 또는 올바른 명상 없이 얻어지는 것도 아니다. 그러나 만일 현자가 그와 같은 수단들(힘, 진지함 그리고 올바른 명상)을 가지고 그것을 얻으려고 노력한다면 그의 자아는 브라흐만의 집으로 들어간다.

그들이 그(자아)에게 도달했을 때 성자들은 지식을 통해 만족하게 되며 그들은 그들의 자아를 인식하고 그들의 열정은 사라지면서 그들은 고요해진다. 현자는 어디서든 자아에 헌신하고 편재하는 그에게 도달함으로써 전적으로 그에게 들어간다.

베단따(Vedānta)의 지식의 대상을 잘 밝히고 포기의 요가에 의해 그들의 본성을 정화함으로써 모든 은둔자들은 최상의 불사를 향유하면서 브라흐마의 세계들 속에서 거대한 끝(죽음)의 시간에 자유롭게 된다.

마치 흐르는 강물들이 바다에서 사라져 그들의 이름과 형상을 잃어버리듯이 이름과 형상을 벗어난 현자는 위대한 것보다 더 위대한 신성한 사람에게 간다.

최상의 브라흐만을 아는 그는 브라흐만이 된다. 그의 종족 가운데 어떠한 존재도 브라흐만에 무지한 채로 태어나지 않는다. 그는 슬픔을 극복한다. 그는 악을 극복한다. 가슴의 족쇄들을 벗어나 그는 불사가 된다.

이것은 리그베다에서 다음과 같이 말해졌다: 그가 이 브라흐만의 지식을 오직 모든 행위를 실행하고 베다에 정통하며 브라흐만에 확고하게 서있고, 그들 스스로 한명의 리쉬(Agni)에게 봉헌하고, 믿음이 충만하고, (아타르바나들의 규칙에 따라) 그에 의해 머리로 (불을 옮기는) 의식이 실행된 사람들에게만 말하게 하라.

리쉬 앙기라스(Ṛishi Aṅgiras)는 이전에 이 진리를 말했다. (적절한) 의식들을 거행하지 않은 사람은 그것을 읽지 못한다. 최상의 리쉬들에게 존경을 표하라! 최상의 리쉬들에게 존경을 표하라!

D. 바가바드-기따(BHAGAVAD_GĪTĀ)

(주로 기원전 400에서 기원전 200년 사이에 구성되었다. 이 시기에 대한 견해에는 많은 차이가 있지만 실제로 대부분의 초기 힌두 텍스트들의 시기에 대한 것도 마찬가지이다. 어떤 사람들은 바가바드기따가 불교이전 즉 기원전 6세기보다 빠른 것으로 간주한다.)

3장

아르주나(Arjuna)가 말했다:

자나르다나(Janārdana)[21]여, 헌신이 행위보다 뛰어나다고 당신이 생각한다면 께샤바(Keśava)[22]여, 왜 당신은 이 끔찍한 행위를 저에게 하도록 하십니까?[23] 실제로 당신은 모호한 말로 저의 마음을 혼란스럽게 하는 것 같습니다. 그러니 제가 최상의 선을 얻을 수 있도록 분명하게 하나로 말씀해 주십시오.

신성한 분께서 말했다:

죄없는 자여, 나는 이 세상에 두 가지 길이 있다고 이미 말했다. 그것은 (참된) 지식의 형상에 헌신하는 상캬(Sāṃkhya)의 길과 행위의 형태로 헌신하는 요가의 길이다. 사람은 행위에 열중하지 않음으로써만 행위로부터의 자유로움을 얻지 못한다. 뿐만 아니라 단지 포기에 의해서만도 완전함을 얻지 못한다. 어느 누구도 한순간도 행위를 실행하지 않은 채 있을 수는 없기 때문이다. 또한 자연의 성질들은 모든 사람들에게 (물질에 대한) 자유의지 없이 행위

21) 악한 자에게 고통을 주는 자라는 의미.- 역자 주

22) 머리카락이 길고 아름다운 자라는 의미.- 역자 주

23) 헌신이 행위보다 뛰어나다는 구절에서 저자는 지식를 헌신으로 잘못 생각한 것 같다. 3장 1절에 의하면 그것은 박띠로서의 헌신이 아니라 붓디(buddhi)로서의 지식 또는 앎을 의미한다. 따라서 이 구절은 지식 또는 앎이 행위보다 뛰어나다로 번역하는 것이 옳을 것이다.- 역자 주

하도록하기 때문이다. 행위기관을 억제하면서 그의 마음이 감각기관들에 대해 계속해서 생각하는 미혹한 사람은 위선자라고 불린다. 아르주나여, 그러나 마음으로 감관을 제어하고 집착에서 벗어나 있으면서 행위의 (형태로) 헌신에 열중하는 그는 더 뛰어나다. 너는 규정된 행위를 하라. 왜냐하면 행위는 무행위(inaction)보다 낫고 네 몸의 유지 또한 무행위를 가지고는 완수될 수 없기 때문이다. 이 세상은 희생제를 목적으로 한 행위와는 다른 모든 행위로 묶여있다. 꾼띠의 아들이여, 그렇기 때문에 너는 집착을 떨쳐내고 그 목적을 위한 행위를 하여라. 옛날 희생제와 함께 인간들을 창조했던 창조주가 말했다: "이것으로 번성하라. 그것이 그대가 원하는 것을 주는 자가 될 것이다. 이것으로 신들을 기쁘게 하기 때문에 신들을 그대들에게 그대들이 원하는 즐거움을 줄 것이다. 그들이 준 것을 그들에게 주지 않고 즐기는 그는 진실로 도둑이다." 희생제에서 남은 음식을 먹는 선한 사람은 모든 죄로부터 벗어난다. 그러나 오직 자신만을 위해 음식을 준비하는 올바르지 못한 사람들은 죄를 짓는다. 음식으로부터 모든 창조물들이 태어난다; 비로부터 음식이 생겨난다; 비는 희생제에 의해 생겨난다. 희생제는 행위의 결과이다; 그 행위는 베다에 근거를 두고 있음을 알아라; 베다는 불멸자에서 나온다. 그렇기 때문에 모든 것을 포괄하는 베다는 언제나 희생제와 연관된다. 쁘리타(Prithā)의 아들이여, 이 세상에서 그와 같이 돌고 있는 바퀴를 돌리지 않는 사람은 감각에 빠져 죄악의 삶을 사는 것이고 헛되이 살아가는 것이다. 그러나 오직 자아에만 중요성을 부여하고 자아에 만족하고 자아에서 기쁨을 얻는 사람은 아무 것도 할 일이 없다. 그는 이 세상에서 행해진 일에 전혀 관심이 없고 행해지지 않은 일이 무엇이든 관심을 갖지 않는다. 또한 어떤 존재가 그에게 의존하는 것에도 전혀 관심을 갖지 않는다. 그러므로 언제나 행위 해야 할 것을 집착 없이 행위 하라. 집착 없이 행위 하는 사람은 최상의 것을 얻기 때문이다. 자나까(Janaka)왕과 다른 사람들은 오직 행위에 의해서 완전을 위해 행위 했다. 또한 사람들이 (그들의 의무를) 지키는 것을 고려하면서 너는 행위 해야 한다. 위대한 사람이 행위 하는 것은 무엇이든 다른 사람들도 행위 한다. 그리고 사람들은 그가 권한으로 부여받은 것을 따른다. 쁘리타의 아들이여, 삼계에서 내가 해야 할 일은 아무 것도 없고 얻지 못한 것을 얻어야 할 것도 전혀 없다. 나는 여전히 행위에 열중한다. 내가 언제나 게으름 없이 행위에 열중하기 때문에 사람들이 모든 방면에서 나의 길을 따른다. 쁘리타의 아들이여, 만일 내가 행위 하지 않는다면 이 세상들은 파괴될 것이고 나는 카스트가 뒤섞이도록 만든 원인이 될 것이다. 그리고 나는 이 사람들을 파멸하게 될 것이다. 바라따의 자손이여, 무지한 자들이 행위에 집착을 가지고 행위 하듯 현명한 사람은 집착 없이 사람들이 (그들의 의무를) 지키기를 바라면서 행위 한다. 현명한 사람은 행위에 매달린 무지한 사람의 확신을 흔들지 말아야 한다. 하지만 (스스로) 헌신하는 행위를 하면서 그들로 하여금 스스로 모든 행위를 적용하도록 만들어야 한다. 그의 마음이 이기심에 미혹된 그는 자신을 모든 면에서 자연의 성질들에 의해 행해진 행위들의 행위자라고 생각한다. 그러나 강력한 팔을 가진 자여, 성질로부터의 차이와 행위로부터의 차이들에 대한 진리를 아는 그는 성질들이 성질들을 다룬다는 사실을 믿으면서 집착을 내려놓는다. 그러나 자연의 성질들에 미혹된 그들은 성질들의 행위에 집착한다. 완전한 지식을 가진 사람은 (그들의 믿음으로) 불완전한 지식을 가진 사람들을 흔들지 말아야 한다. 절대자와 개별적 자아와의 관계를 알고 모든 행위를 나에게 마음으로 전념하여,

욕망 없이, (이것 혹은 저것이) 내 것이라는 (생각)없이 그리고 어떤 심적인 고민 없이 전투에 열중하라. 심지어 믿음이 충만하고 허튼 소리 없이 언제나 나의 것이라는 이러한 견해를 가지고 행위 하는 사람들조차도 모든 행위들에서 벗어난다. 그러나 나의 견해에 허튼 소리를 하고 그것에 따라 행위하지 않는 사람은 분별심이 없고, 알고 모든 지식을 생각하는 것으로 착각하면서 결국에는 파멸한다. 심지어 지적인 사람조차도 끊임없이 자신의 본성에 따라 행위 한다. 모든 존재는 본성을 따른다. 무엇이 결과를 억누를 수 있는가? 모든 감각은 고정된 그 대상들에 대한 좋고 싫음을 갖는다. 그것들에 종속되어서는 안 된다. 왜냐하면 그것들은 그의 반대자들이기 때문이다. 자신의 의무는 비록 결함이 있더라도 잘 실행된 다른 사람의 의무보다 낫다. 자신의 의무를 (완수한 이후의) 죽음은 더 낫다; 다른 사람들의 의무(의 완수)는 위험하다.

아르주나가 말했다.

비슈누의 화신이여, 누가 인간을 강요합니까? 비록 기꺼이 하고 싶지 않더라도 말하자면 강제로 하도록 강요되어 죄를 짓게 합니까?

신성한 분께서 말했다.

그것은 열정의 성질에서 태어난 욕망이다, 그것은 분노이다. 그것은 매우 엄청나고 죄를 짓는 것이다. 그것이 이 세상에서 적이라는 사실을 알아라. 마치 불이 연기에 감싸이고, 거울이 먼지에, 태아가 자궁에 감싸이는 것처럼 이것은 욕망에 의해 감싸인다. 꾼띠의 아들이여, 지식은 불과 불만족처럼 욕망의 형태로 지적인 사람의 이 영원한 적에 감싸인다. 감각, 마음 그리고 이해는 그의 자리라고 말해진다. 이것들을 가지고 구체화된 (자아)를 감싸여 있는 지식으로 착각한다. 바라따족의 자손들 가운데 으뜸인 이여, 그렇기 때문에 먼저 너의 감각을 제어하고 나서 지식과 경험을 파괴하는 이 나쁜 것을 없애라. 다음과 같이 말해졌다. 위대한 것은 감각들이다. 감각들보다 더 위대한 것은 마음이다. 마음보다 더 위대한 것은 이해이다. 이해보다 더 위대한 것이 그것이다. 그러므로 강력한 팔을 소유한 이여, 이해보다 높은 것을 알고 (너의) 자아를 (너의) 자아로 제어하면서 욕망의 형태로 있어 다루기 힘든 이 적을 물리쳐라.

12장

아르주나가 말했다.

항상 당신에게 헌신하고 명상하며 경배하는 자들 가운데 그리고 지각되지 않고 파괴할 수 없는 것을 명상하는 그들 가운데 누가 헌신을 가장 잘 알고 있습니까?

신성한 분께서 말했다.

언제나 헌신하고 최상의 믿음을 갖고 나에게 고정된 마음으로 나를 경배하는 그들을 나는 가장 헌신하는 자들이라고 여긴다. 그러나 감각의 (전체) 집단을 제어하고 언제나 한결같은 마음으로 말할 수 없고, 파괴할 수 없으며, 모든 곳에 퍼져있고, 생각할 수 없으며, 구별이 없고 움직이지 않으며, 영원한 지각되지 않는 (원리)에 대해 명상하는 그들, 모든 존재들의 선에 집중하는 그들은 필연적으로 나를 얻는다. 마음이 지각되지 않는 것에 매달린 그들에게 괴로움은 보다 더 크다. 왜냐하면 지각되지 않는 목표는 어려움을 가진 구체화된 (존재들에) 의해 얻어지기 때문이다. 하지만 쁘리타의 아들이여, 그들의 모든 행위를 나에게 바치고 나를 최상의 목표로 (잡아), 나를 경배하며, 나 이외에 어느 누구에게도 헌신하지 않으며, 나에게 마음을 고정한 그에게 나는 지체 없이 이 세상의 죽음의 바다에서 그들을 구하기 위해 달려간다. 너의 마음을 오직 나에게만 두어라. 너의 이해를 나에게 고정해라. 내 속에서 너는 내세에 거주할 것이다. (그에 대해서는) 의심할 바 없다. 그러나 만일 네가 너의 마음을 나에게 단단하게 고정할 수 없다면 다남자야(Dhanañjaya)[24]여, 끊임없는 명상을 통해 마음의 추상적 개념으로 나를 얻도록 노력하라. 만일 네가 지속적인 명상을 감당할 수 없다면 너의 최상의 (목표인) 나를 달래기 위한 행위를 하여라. 심지어 나를 (달래기 위한) 행위를 실행하는 것만으로도 너는 완전을 얻을 수 있을 것이다. 만일 네가 이것조차도 할 수 없다면 나에게 헌신하면서 의지하고 자기 제어를 가지고 모든 행위의 결과를 포기하여라. 왜냐하면 지식은 지속적인 명상보다 더 낫고, 정신집중은 지식보다 더 높은 것으로 간주되며, 행위의 결과에 대한 포기는 정신집중보다 낫고, 그 포기로부터 곧장 고요함이 주어지기 때문이다. 아무 것도 미워하지 않고, 친절하고, 동정심 많으며, 이기심에서 벗어나고, 이것 혹은 저것이 내 것이라는 관념에서 벗어나 있으며, 행복과 고통을 같게 보고, 용서하고 만족하며 언제나 헌신하며 스스로 제어하고, 그의 결정이 확고하고 그의 마음과 이해가 나에게 헌신하는 자, 그는 내가 소중히 여기는 자이다. 그를 통해 세상이 휘저어지지 않고 세상에 의해 휘저어지지 않는 그 기쁨과 분노, 두려움과 망설임을 벗어난 그, 그 또한 내가 소중히 여기는 자이다. 무심하고, 순수하며, 성실하고, 공정하며, 괴로움을 벗어나 나에게 헌신하는 자, 모든 행위(에 대한 결과)를 포기한 자,

24) 부의 정복자 - 역자 주

그는 내가 소중히 여기는 자이다. 나에게 완전히 헌신하고, 좋고 싫음을 느끼지 않으며, 슬퍼하지도 욕구하지도 않고, 동의하거나 동의하지 않는 (양자를) 포기한 자, 그는 내가 소중히 여기는 자이다. 친구와 적을 같이 보고 명예와 치욕도 마찬가지이며, 차갑고 더움, 쾌락과 고통을 같이 보고, 집착에서 벗어나 있으며 칭찬과 비난이 같고, 말수가 적으며, 다가온 것은 무엇이든 만족하며, 집이 없고, 한결같으며, 완전하게 헌신하는 그런 사람이 내가 소중히 여기는 자이다. 그러나 믿음으로 충만하고 나를 그들의 최상의 목표로 간주하면서 불사를 (얻기 위한) 이 성스러운 (수단들)에 의지하는 그들은 내가 특히 소중하게 여기는 자들이다.

13장

꾼띠의 아들이여, 이 몸은 끄세뜨라(Kshetra)라고 불리며 배운 사람들은 그것을 아는 그를 끄세뜨라갸(Kshetrajña)라고 부른다. 바라따의 자손이여, 나 역시 모든 끄세뜨라들 속에 있는 끄세뜨라갸임을 알아라. 끄세뜨라와 끄세뜨라갸에 관한 지식을 (참된) 지식으로 나는 여긴다. 이제 나에게서 끄세뜨라가 무엇이며 무엇과 유사하며 어떤 변화를 겪는지, 언제 그것이 나왔는지, 그는 무엇인지, 그의 힘은 무엇인지, 수많은 찬가들로 속에, 브라흐만에 관한 내용 또는 가르침으로 채워져 있고 논쟁으로 가득한 잘 정립된 문헌들 속에 들어있고 성자들에 의해 다양한 방식으로 불리는 이 모든 것에 대해 간략하게 들어라. 거대한 요소들, 이기심, 이해, 또한 지각되지 않는 것, 10개의 감각들, 일자 그리고 5가지 감각의 대상들, 욕망, 혐오, 쾌락, 고통, 몸, 의식, 용기, 간략히 말해서 이것은 변화들을 가지고 끄세뜨라를 표현한다. 자만심이 없고, 과시하지 않고, 상처 입히지 않고, 용서하고, 올바르고, 스승에게 헌신하고, 순수하며, 확고하고, 스스로 제어하며, 감각대상들에 무심하고 또한 이기심이 없고, 생로병사의 고통과 유해함을 지각하고, 집착이 없고, 아들, 부인, 집 등등을 자기 것이라고 생각하지 않고, 동의할 수 있는 것과 동의할 수 없는 것 양자를 항상 같이 보면서 접근하고, 변함없이 나에게 헌신하고 그 밖의 다른 존재에 대해 명상하지 않고, 깨끗한 장소에 의지하고, 사람들이 모이는 곳을 멀리하고, 개별적 자아와 초월자의 관계에 관한 지식을 언제나 추구하고, 진리에 관한 지식의 대상을 지각하는 것, 이것이 지식이라고 불린다. 이것에 반대되는 것이 무지이다. 나는 그것을 앎으로서 불사에 도달하는 지식의 대상인 것이라고 말할 것이다. 시작도 끝도 없는 브라흐만은 존재라고도 비존재라고도 말해질 수 없다. 그것은 모든 방향으로 향한 손들과 발들을 가지고 있고, 모든 방향으로 향한 눈들, 머리들 그리고 얼굴들을 가지고 있으며 모든 방향으로 향한 귀들을 가지고 있고 세상에 퍼져있는 모든 곳에 서 있다. 모든 감각들의 성질들을 소유하고 (그러나) 모든 감각들이 없고, 무엇에도 매이지 않고 모든 것을 지탱하는 그것은 성질들이 없고 성질들의 향유자이다. 그것은 모든 사물들 안에 있고 그들 밖에 있다. 그것은 움직일 수 있고 또한 움직일 수 없다. 그것은 미세함을 통해 알려질 수 없다. 그것은 가까이 그리고 멀리 서 있다. (서로 다른) 것들 속에서 구별이 없지만 구별을 통해 서 있다. 그것은 (그들을) 흡수하고 창조한다. 그것은 빛나는 (몸들) 안에서도 빛나는 것이다. 그것은 어둠 너머(에 존재하는) 것으로 말해진다. 그것은 지식이고 지식의 대상으로 지식에 의해 얻어지게 되는 것으로 모든 심장 속에 위치한다. 이와 같이 끄세뜨라, 지식, 지식의 대상에 대해 간략하게 말해졌다. 이와 같이 앎으로써 나의 헌신자는 나와 동화하기에 적합하게 된다. 자연과 정신 양자가 시작이 없는 것임을 알고, 모든 발전과 성질들이 자연으로부터 산출된 것임을 알아라. 자연은 신체와 감각들 속에 (거주하면서) 행위 할 수 있는 능력의 시원이라고 말해진다. 왜냐하면 자연과 결합한 정신은 자연에서 태어난 성질들을 향유하기 때문이다. 선하든 아니면 악하든 자궁 속에 태어나는 원인은 성질들과 연관된다. 이 육체 속에 있는 최상의 정신은 감독자, 조언자, 지지자, 향유자, 위대한 신, 최상의 자아라고 불린다. 이와 같이 자연과 정신을 성질들과 함께 아는 그는 다시 태어나지 않지만 어쨌든 살아있다. 어떤 사람들은 정신집중에 의해 자아 속에서 자아에 의해 자아를 본다. 다른 사람들은 상캬-요가(Śāṃkhya-yoga)에 의해 그것을 본다. 또 다른 사람들은 까르마-요가(Karma-yoga)에 의해 그것을 본다. 또 다른 사람들은 이것을 알지 못한 채 다른 사람들로부터 들은 이후에 정신집중을 실행한다. 그들 역시 이와 같이 가르침을 들음에 헌신함으로써 죽음을 넘어선다. 움직이고 움직이지 않으며 존재하는 것은 무엇이든 끄세뜨라와 끄세뜨라갸의 연관성으로 있는 것을 안다. 바라따족의 후손들 가운데 으뜸인 이여, 그는 (진실로) 모든 실체들 속에 비슷하게 거주하고 있고 비록 그들이 파괴되더라도 파괴되지 않는 최상의 주님을 본 자를 본다. 모든 곳에 비슷하게 거주하고 있는 주님을 본 그는 스스로 자신을 파괴하지 않으며 최상의 목표에 도달한다. 그는 진실로 자아가 행위자가 아니라 오직 자연에 의해서만 행해진 모든 방법의 행위들을 보는 자를 본다. 그가 모든 다양한 실체들이 일자 속에 존재하고 그것으로부터 모든 것이 방출되는 것으로 본다면 그는 브라흐만과 하나가 될 것이다. 꾼띠의 아들이여, 이 무궁무진한 최상의 자아는 시작도 없고 성질들도 없으며 행위하지 않고 육체 속에 머물더라도 더럽혀지지도 않는다. 그의 미세함 때문에 모든 곳에 편재하는 공간은 더럽혀지지 않는 것처럼 모든 신체 속에 머물고 있는 자아는 오염되지 않는다. 마치 태양이 이 세상 모든 것을 밝게 비추듯이 바라따의 자손이여, 끄셰뜨라갸는 전체 끄셰뜨라를 비춘다. 지식의 눈으로 끄셰뜨라와 끄셰뜨라갸의 사이를 이해하고 모든 실체들의 본질을 파괴한 그들은 최상의 존재로 간다.

인도의 대전환 총서 001

힌두이즘

초판 인쇄 2018년 8월 17일
초판 발행 2018년 8월 25일

지은이 끄쉬띠 모한 센(Kshiti Mohan Sen)
옮긴이 김형준 · 최지연
발행인 김인철
총괄 · 기획 가정준 Director, University Knowledge Press
편집장 신선호 Executive Knowledge Contents Creator
도서편집 박현정 Contents Creator
전자책편집 이리나 e-Contents Creator
재무관리 문수진 Managing Creator
사전 · 출판 정준희 Contents Creator
마케팅 파트장 백승이 Chief Marketing Creator
마케팅 이현진 Marketing Creator
발행처 한국외국어대학교 지식출판콘텐츠원
02450 서울특별시 동대문구 이문로 107
전화 02)2173-2493~7
팩스 02)2173-3363
홈페이지 http://press.hufs.ac.kr
전자우편 press@hufs.ac.kr
출판등록 제6-6호(1969. 4. 30)
디자인 · 편집 (주)이환디앤비 02)2254-4301
인쇄 · 제본 네오프린텍 02)718-3111

ISBN 979-11-5901-378-2 03270 정가 16,000원

*잘못된 책은 교환하여 드립니다.

HUiNE은 한국외국어대학교 지식출판콘텐츠원의 어학도서, 사회과학도서, 지역학도서 Sub Brand이다. 한국외대의 영문명인 HUFS, 현명한 국제전문가 양성(International +Intelligent)의 의미를 담고 있으며, 휴인(携引)의 뜻인 '이끌다, 끌고 나가다'라는 의미처럼 출판계를 이끄는 리더로서, 혁신의 이미지를 담고 있다.